베라르AIT

자녀의 미래를 바꾼다

베라르AIT
자녀의 미래를 바꾼다

펴 낸 날 2019년 7월 30일

지 은 이 권명옥
펴 낸 이 이기성
편집팀장 이윤숙
기획편집 이민선, 최유윤, 정은지
표지디자인 이윤숙
책임마케팅 임용섭, 강보현
펴 낸 곳 도서출판 생각나눔
출판등록 제 2018-000288호
주 소 서울 잔다리로7안길 22, 태성빌딩 3층
전 화 02-325-5100
팩 스 02-325-5101
홈페이지 www.생각나눔.kr
이 메 일 bookmain@think-book.com

• 책값은 표지 뒷면에 표기되어 있습니다.
  ISBN 979-11-90089-53-1(13370)

• 이 도서의 국립중앙도서관 출판 시 도서목록(CIP)은 서지정보유통지원시스템 홈페이지
  (http://seoji.nl.go.kr)와 국가자료공동목록시스템(http://www.nl.go.kr/kolisnet)에서
  이용하실 수 있습니다(CIP제어번호: CIP2019027963).

Sensory Processing/Berard AIT for ASD:
Improve Listening to Improve Learning

Listening is the foundation of speech and learning
Step Ahead with Berard AIT

Wednesday, August 3, 2016, 11:00~13:00
Medium Auditorium, Daegu University
(2288, Daemyung 3 Dong, Namgu, Daegu City)

Sponsorships: Korean Society for the Emotional & Behavioral Disorders
Ph. D., Myung Ok Kwon (Berard AIT Instructor)

– 저자가 2016년 대구대에서 주최한 국제 컨퍼런스 –

자폐 스펙트럼 장애아를 위한 베라르AIT
(청지각은 언어, 학습의 기반: 베라르AIT로 한 단계 전진을)

"오래 전에 승용차로 동해안을 따라 올라가던 중에 낙석 위험 지역을 안내하는 기계음을 알아들을 수가 없었다. '낙석 위험…'이라는 안내음이 나에게는 '약사구리…'로 들렸던 것이다."

이것이 바로 청각 왜곡 현상 중의 하나이다. 청각 왜곡이란 소리가 사실과 다르게 들리는 것이다. 소리는 들리는데 무슨 소리인지 이해가 안 되는 것, 이러한 청각 왜곡을 치료하는 것이 베라르AIT의 주된 목적이다.

난청 등의 단순한 청력의 문제는 볼륨을 높이거나 보청기를 착용하면 해결된다. 청각 왜곡의 문제는 이런 방식으로 해결되지 않는다. 본 서에는 제도권 병원에서 거의 대책이 없는 청각 왜곡의 해결에 중점을 두고 있다.

베라르AIT는 1950년대에 프랑스의 이비인후과 의사 Berard가 연구, 개발하였다. 외과 의사였던 베라르 박사는 자신의 이명을 치료하기 위해서 다시 이비인후과의사가 되었다. 베라르AIT로 자신의 청각을 치료하고, 이후 학습 장애, ADHD, 자폐 스펙트럼 장애 등 다양한 대상의 언어, 행동, 인지, 학습 등의 획기적 발달에 일등공신이 되었다.

베라르AIT는 미국의 자폐성 여아 George를, 10일간 치료로 완치한 이후로 전 세계적으로 알려지게 되었다. 당시 자신의 모국 프랑스에서보다 미국에서 더 각광을 받았다. 미국의 학자들이 연구에 참여하였고, 대중 방송에서도 보도되었다. 현재 전 세계에는 수백 명의 베라르AIT 치료사들이 공식 활동하고 있다.

본 서를 집필하게 된 동기는 베라르AIT에 관한 전문적이면서도, 편중되지 않는 시각의 정보가 필요하다는 부모들의 수많은 요청 때문이다. 치료에 관한 문의, 확인 차원의 질문도 수없이 많았다.

본 서의 제1부는 청각, 제2부는 청각 왜곡, 제3부는 베라르AIT, 제4부는 나의 실제 임상 사례로 구성되었다. 제1부 청각에 관하여서는 전문적인 세부 사항까지 포함되어서 다소 어려울 수도 있겠으나 청각의 기능을 이해하는 데 상당히 유익할 것이다. 지루하다면 건너뛰고, 바로 제2부, 청각 왜곡부터 읽어도 좋다.

본 서의 내용은 베라르 박사의 저서와 연구자료, 나의 베라르AIT 박사학위 논문과, 나의 10여 편의 베라르AIT 논문들, 임상 사례들, 학자들(Edelson, Rimland, Berard, Sally 등)의 논문들, 뉴스레터 『The Sound Connection(1권 1호~9권 4호)』, 『베라르 AIT 치료사 자격훈련용 교재(Berard Auditory Integration Training Manual)』 등을 근거로 하였음을 밝혀둔다.

저자, 권명옥

저는 치열한 아픔의 현장에서 날마다 살아가고 있습니다. 같은 건물에는 다양한 장애를 가진 유, 아동, 성인들을 위한 다양한 치료(언어, 인지/ 학습, 미술, 물리, 작업치료 등)와 직업 훈련이 이루어지고 있습니다.

엘리베이터에서, 복도에서 하루에도 수없이 파랗게 아파하는 이들을 만납니다. 이들의 모습은 밝고 천사 같습니다. 제 마음이 파랗게 아픈 것이라고 느끼는지도 모릅니다.

주님, 지금 여기 아니면 어디로 가시려나이까
이들이 절망하여 어둠 속에 누울 때,
다시는 새 날을 보지 않기를 바랄 때,
당신은 어디에 있으리이까
무엇을 하시려나이까

"내가 준 것이 모두 달라서…
내 헤아림은 너희와 달라서…
너희에게 복이 있다" 하시려나이까

어떤 사람들은 장애를 "하늘이 내린 축복이다.", "이 시대의 십자가를 지고 있다."라고도 합니다.

혹자는 달리도 말합니다. 어떤 이유이든 우리는 기뻐만 할 수 없는 어려움이 있습니다.

저는 공직생활에서 물러나 자폐 스펙트럼 자녀를 돌보던 중에, 아이를 통한 여러 과정과 만남 속에서 특수교육을 공부하고 싶은 동기를 갖게 되었고, 결국은 하나님의 섭리 안에서 대학원에서 특수교육 전공으로 석, 박사학위를, 베라르AIT 연구로 박사학위를 받게 되었습니다.

저는 베라르AIT에 관한 국제 정규 자격 과정(인턴 과정 포함)을 모두 마치고, 베라르AIT 공인 자격증을 받았습니다. 베라르 박사와 국제 베라르AIT 전문가 학회로부터 베라르AIT 한국 대표로, 2012년부터는 아시아지역의 유일한 베라르AIT 자격교육 훈련/수련감독의 자격도 공식 인정되어서, 베라르AIT 자격과정도 운영하고 있습니다.

저에게 교육받고 저를 통하여 국제 베라르AIT 전문가 학회로부터 수여되는 베라르AIT 치료사 자격증을 받을 수 있습니다.

저는 현재 국제 베라르AIT 전문가 학회의 정회원으로 국제 공조를 하고 있으며, 전 세계의 많은 전문가들과 계속적인 정보 교류를 하고 있습니다. 국제베라르AIT 전문가 학회에서 제작한 공식 동영상들의 한국어 해설을 맡아서 한국어 버전을 국내에 도입하였습니다.

베라르AIT에 관한 국외연구는 1950년대부터 베라르 박사의 수천 사례의 임상연구를 시작으로, 미국 자폐연구기관의 림랜드, 에델슨 박사의 연구를 포함하여 1990년대 초반부터는 본격적인 연구가 진행되어 현재까지 연구논문이 약 100여 편에 이를 것으로 예상됩니다.

저는 국내에서는 처음으로 약 20년 전에 베라르AIT를 공식적으로(비공식적으로는 훨씬 이전부터) 연구하기 시작하였고, 약 10여 편의 논문을 발표하였습니다. 지금까지도 연구를 계속하고 있습니다.

베라르AIT는 기존의 다른 치료법들과는 접근 방식이 완전히 다릅니다. 다른 치료들이 밖에서부터 뭔가를 가르쳐서 변화를 시도

하는 것이라면, 베라르AIT는 신체 기제 내부의 문제를 바로잡는데 중점을 두고 있습니다.

물론 베라르AIT가 모든 대상의 유일한 해결책은 아닙니다. 다른 치료들도 중요하지만, 먼저 베라르AIT로 내부의 문제를 바로잡은 후라면 다른 치료들의 효율성도 더욱 커질 수 있습니다.

베라르AIT는 특수장치로 음악의 변조, 증폭, 필터 원리를 이용하여 청각 왜곡을 바로잡고, 두뇌 활성화, 신경계 재구조화를 통하여 신경 생리적 기반 위에서 인지, 학습, 행동, 언어 발달을 촉진하는 데 기여하고 있습니다.

현대사회는 정보의 홍수 속에서 다른 유사, 변종 치료들도 많습니다. 저는 베라르AIT의 한국대표로서, 아시아지역 자격교육 훈련/ 수련 감독자로서, 한국에서 베라르AIT의 올바른 정착에 대한 책임감이 있습니다. 과정에서 고난과 역경도 있습니다. 부모님들이 현명하시고, 독자들과 함께라면… "나의 가는 길은 오직 그가 아시나니…"

베라르AIT가 부모님들과 아동들에게 새로운 대안과 소망을 주는 중재가 될 수 있도록 계속 연구와 노력을 하겠습니다. 우리 아이들의 전반적 능력이 한 단계 도약하는 계기가 되기를 바랍니다. 감사합니다.

저자, 권명옥

CONTENTS

베라르AIT, 자녀의 **미래를 바꾼다**

- 머리글 · 4
- 독자들에게 드리는 글 · 7

제1부_ 청 각

1-1. 소리의 특성	16
1-2. 소음 노출의 위험성	22
1-3. 소리 지각 과정	24
1-4. 청각의 구조와 기능	26
1-5. 청각의 소리 방어/ 증폭	39

제2부_ 청각 왜곡

2-1. 청지각 문제 유발	44
2-2. 청각 왜곡의 증상	46
2-3. 청각 왜곡 관련 장애	54
2-4. 청각 왜곡의 확인	62
2-5. 청각 왜곡의 치료	69
2-6. 청각 왜곡의 원인	70
2-7. 청각 왜곡과 언어 발달 관계	73

제3부_ 베라르AIT

3-1. 베라르AIT란   94

3-2. 치료 원리   98

3-3. 핵심 기능   107

3-4. 치료 방식   122

3-5. 치료 기간   123

3-6. 치료 음악   124

3-7. 치료 효과   126

3-8. 치료 대상   129

3-9. 치료 장치   130

3-10. 청각 검사   132

3-11. 일시적 문제 행동   139

3-12. 치료 후 주의 사항   142

제4부_ 임상 사례

4-1. ADHD/ 학습 장애   148

4-2. 경계선 지능   167

4-3. 지적 장애/ 발달 지제   183

4-4. 자폐성/ 발달 장애   199

4-5. 아스퍼거/ 고기능 자폐   223

4-6. 난 청   239

4-7. 기타/ 일반   250

• 참고 자료 · 257

제1부

청 각

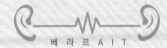

베라르AIT

청각의 전정 기관은 두뇌의 감각 운동 종합센터로 모든 감각을 통합하고 처리하는 중심부이다. 소리의 처리는 인간 두뇌 속에서 감각 통합의 필수적 요인이다.

소리 진동이 전정–소뇌 연계성을 강화하고 재조직화할 때, 청각 기제뿐만 아니라 관련 모든 뇌신경계에 영향을 미치게 된다.

청각은 스스로 소리에 적응하는 기제를 가지고 있다. 스스로 소리를 증폭하고, 큰 소리에는 스스로 방어하여 청각을 보호한다.

청각이 제 기능을 발휘하지 못하거나, 감당할 수 없는 큰 소리에 노출되면 손상을 입게 된다.

청각과 청각 왜곡을 이해한다면 청각이 언어, 인지, 학습, 행동에 직접 연계된다는 것을 알게 될 것이다.

본 파트에서는 소리의 특성, 청각의 구조별 기능, 소리 전달 경로에 관하여 자세하게 다루었다. 전문적인 부분을 포함하고 있으므로 다소 지루하다면 바로 「제2부 청각 왜곡 파트」로 건너뛰어도 좋다.

1-1

소리의 특성

✎ 소리는 공기의 진동에 의하여 발생되고, 음파로 귀에 전달된다. 소리발생지에서 멀어질수록 점진적으로 약해지고, 결국은 사라지게 된다. 주파수(Hz)값이 크면 클수록 고음이 되고, 작아질수록 저음이 된다. 데시벨(dB) 값이 클수록 큰 소리이며, 작을수록 작은 소리이다. 초당 약 1,130피트(340m/s)의 빠른 속도로 전달되고, 표준기압에서는 331m/s의 속도로 전파된다.

소리의 특성: 주파수, 소리 크기

소리의 주요 특성은 주파수(Hz)와 데시벨(dB)에 의하여 결정된다. 주파수는 소리의 높낮이에, 데시벨은 소리의 강도에 해당된다.

1) 소리 주파수(Hz)

음파의 초당 진동수를 주파수라 하고, 헤르츠(Hz) 단위로 표기한다. 초당 1,500회, 2,000회 진동하는 소리는 각각 1,500Hz, 2,000Hz로 표기한다. 진동수가 많을수록(진동이 빠를수록) 주파수(Hz)가 높고, 높은음이다. 성인 남자의 소리에 비하여, 아동이나 여자들의 소리가 고주파수에 해당한다.

　주파수 범위는 0~무한대이나, 인간의 가청 주파수(사람이 들을
수 있는 주파수)의 범위는 약 15~20,000Hz이다. 가청 주파수는
사람에 따라 다소의 차이가 있다. 나이가 들면서 고주파수대 청
력이 점진적으로 떨어지면서, 노인성 난청이 진행되는 경우, 가청
범위가 좁아지게 된다.

　인간의 가청 범위 밖에 있는 14Hz 이하의 소리는 초저주파음
(infrasound)이고, 20,000Hz 이상의 소리는 초음파음(ultrasound)
이다.

　사람에게 감도가 가장 좋은 주파수의 범위는 1,000~5,000Hz
이고, 일상생활 중 대부분의 소리는 125~8,000Hz이며, 회화 음
역은 250~4,000Hz이며, 중요 회화 음역은 500~2,000Hz이다.
베라르AIT 음악의 주파수 대역은 30~15,000Hz이다(표 1-1. 주파
수 음역 참조).

표 1-1. 주파수 음역

14Hz 이하	초저주파수	15~20,000Hz	인간 가청 음역
200~600Hz	저주파수	125~8,000Hz	일상생활 음역
600~1,500Hz	중간 주파수	1,000~5,000Hz	감도 좋은 음역
1,500~20,000Hz	고주파수	250~4,000Hz	회화 음역
20,000Hz 이상	초음파	500~2,000Hz	중요 회화 음역
30~15,000Hz: 베라르AIT 음악의 주파수 범위			

∷ 음소별 주파수 지대

각각의 음소들(자음, 모음)은 독특한 주파수 지대가 있다. 개인의 청각이 해당 음소를 들을 수 없는 범위에 있다면 해당 소리를 들을 수 없게 된다.

각 음소의 정확한 주파수 지대에 관해서는 약간의 의견 차이가 있으나, 대부분의 자음(b, d, m, n 등)은 500Hz 이하에 위치하고, 대부분의 모음(a, i, o 등)은 500Hz~1,500Hz 사이에 위치하고, 격음(k, t, p 등)과 복합자음(ch, sh, th 등)은 1,500Hz~ 8,000Hz에 위치하고 있다(표 1-2. 음소별 주파수 지대 참조).

표 1-2. 음소별 주파수 지대

음소 유형(주파수)	해당 음소
대부분 자음 (125~500Hz)	- b, d, m, n, z, v 등 - ㅁ, ㅂ, ㅈ, ㄴ, ㄷ 등
대부분 모음 (500~1,500Hz)	- a, e, i, o 등 - ㅗ, ㅜ, ㅏ, ㅓ, ㅣ, ㅐ, ㅔ 등
격음 및 복합자음 (1,500~8,000Hz)	- k, t, p, ch, sh, th 등 - ㅋ, ㅌ, ㅍ, ㅊ, ㅎ, ㅅ, ㅆ 등

2) 소리 크기(dB)

소리의 크기를 나타내는 단위는 데시벨(dB)이다. 음파의 진폭은 소리가 전달되는 힘이며, 소리의 크기에 해당된다. 데시벨(dB)은 사람이 들을 수 있는 최저 수준을 0dB로 가정하고 척도를 정한 것으로, −5dB, −10dB의 소리를 듣는 사람도 있다. 데시벨(dB)의 수치가 클수록 큰 소리를 의미한다(표 1-3. 환경음의 소리 크기 수준 참조).

청력(청력 역치)이란 들을 수 있는 가장 작은 소리 수준을 나타내는 것이다. 특정 주파수에서 청력이 40dB로 산출되었다면, 해당 주파수에서 40dB 소리부터 듣기 시작하여, 40dB보다 큰 소리(50dB, 60dB 등)는 들을 수 있고, 40dB보다 작은 소리(20dB, 30dB 등)는 들을 수 없다.

40dB의 청력이라면 본인은 모를 수도 있는데, 주변 사람들은 청력에 약간 문제가 있다는 것을 인식하게 된다. 40dB보다 심한 청력 손실이 있다면 본인 스스로도 청력 장애를 인식하게 된다.

40~50dB 청력 손실에서는 1~1.5m 내의 대화는 알아들을 수 있으나 멀리 떨어진 소리를 알아듣기는 곤란하다. 55~70dB 청력 손실에서는 1~1.5m 내의 소리도 큰 소리로 말하지 않으면 알아들을 수 없으므로, 특히 사람이 많은 장소나 강의를 알아듣기는 극히 곤란하다. 70~90dB 청력 손실에서는 30cm 내에서 큰 소리로 말하면 들리기는 하나, 말의 분별이 곤란하다. 90dB 이상의 청력 손실은 농으로 분류되고, 일반교육을 받기는 어렵다.

동일한 정도의 청력 손실이라도 해당 연령이 또한 중요하다. 특히 말을 배우는 유, 아동에게 40dB까지의 청력 손실은 지시 따르기, 주고받기 대화 등에서 상당히 불리하므로 조기치료, 환경적 지원 등 다양한 배려가 필요하다.

현대 사회는 특성상 소음에 매우 노출되기 쉬운 환경이다. 아동들이 다니는 태권도장, 공연장, 불꽃놀이, 놀이시설 등 다양한 환경에서 큰 소리로 음악이나 배경음을 발생시키지 않도록 주의할 필요가 있다. 큰 소리는 모든 사람의 청각에 해롭기 때문이다.

표 1-3. 환경음의 소리 크기 수준

-10dB ↑	청각 과민자만 듣는 소리	
-5dB ↑	청각 과민자만 듣는 소리	
0dB	일반인이 들을 수 있는 최저 소리	청각 과민 ↑
10dB	나뭇잎 바스락 소리	
20dB		
30dB	속삭이는 소리	
40dB	가정의 평균 생활 소음	
50dB	교실, 사무실, 냉장고 소리	
60dB	일상 대화, 에어컨 소리	
70dB	전화벨 소리	
80dB	지하철, 대도시의 거리, 헤어드라이어 소리 비행 중 비행기 내부	

90dB	기차, 공장, 전기톱 소리, 오토바이, 잔디 깎는 소리	듣기 고통스러운 수준 ↓
100dB		
110dB	자동차 경적, 공사장 소리, 오락실, 일반 음악회	
120dB	록 음악, 비행기 이륙 소리, 영화관	
130dB	제트기 엔진, 폭죽 소리, 총소리	
140dB		
150dB↓		고막 파열 수준↓

* 베라르AIT 음악의 소리 수준: 85dB 이하에서 다양하게 변화

1-2
소음 노출의 위험성

✎ 큰 소리에 노출은 모든 사람의 청각에 매우 해롭다. 90dB 소리에 8시간 이상 노출 시, 105dB 소리에 1시간 이상 노출 시, 청신경을 손상하여 소음성 난청이나, 청지각 문제가 발생할 수 있다. 소리 크기별 소음 허용 기준이 다르다(표 1-4. 소음 노출 허용 기준 참조).

표 1-4. 소음 노출 허용 기준

소리 크기(dB)	허용 시간
90dB	8시간
95dB	4시간
100dB	2시간
105dB	1시간
110dB	30분
115dB	15분
120dB	0분

:: **소리 크기**(dB), **소리 단위의 이해**

소리의 크기는 기구를 이용해서 객관적으로 측정 가능하지만,

특정 소리에 대하여 사람의 뇌에서 느끼는 개별 감각적인 크기는 사람마다 다를 수 있다.

데시벨(dB)은 소리의 상대적인 크기를 나타내는 단위이다. 기준 음(0dB)의 강도와 측정하려는 소리의 강도의 비율 값을 기준으로 산출한 값이 데시벨(dB)이다.

정상적인 귀로 들을 수 있는 가장 작은 소리 크기는 0dB이 지만, 청각이 과민하면, 이보다 작은 소리인 −5dB, −10dB, −15dB 등 더 작은 소리까지 듣게 된다.

0dB을 기준으로 10dB씩 증가하는 경우 소리의 세기는 10배 씩 강해지게 된다. 소리의 세기가 1, 10, 100, 1,000배의 순서 로 커지면 소리의 단위인 데시벨(dB)은 0dB, 1dB, 10dB, 20dB, 30dB로 표시된다. 10dB은 1dB의 10배이지만, 20dB은 1dB의 20배가 아니고 100배나 된다(표 1-5. 소리의 크기 증가 참조).

표 1-5. 소리의 크기 증가

소리 크기(dB)	소리 크기의 증가
10dB	1dB의 10배
20dB	1dB의 100배
30dB	1dB의 1,000배
100dB	1dB의 100억 배

소리 지각 과정

✎ 음파가 내이에 전달되는 경로는 크게 두 가지(기도전도와 골도전도)가 있다. 특별한 청각 문제(외이, 중이 등의 문제)가 없다면, 절대다수의 사람들이 기도전도를 통하여 소리를 듣게 된다.

기도전도를 통한 소리 지각 과정은 외부의 소리가 외이, 중이, 내이를 거쳐서 뇌에서 소리를 듣고 이해하게 되는 것이다. 외이에서 중이까지 소리 전달 매체는 공기이고, 내이에서 소리 전달 매체는 림프액(액체)이다

:: **기도전도 과정:**

이개(귓바퀴)→외이도→고막→이소골(추골, 침골, 등골)→난원창→달팽이관(전정계-고실계-기저막-청세포와 덮개막과의 접촉-청세포 흥분)→청신경→뇌

- 소리가 공기의 진동에 의해 귓바퀴에 도달
- 외이를 거쳐 고막에 도달
- 이소골의 추골, 침골, 등골을 차례로 진동
- 난원창을 거쳐서 내이의 달팽이관에 도달하여 액체 진동으로

변화

- 달팽이관 내의 유모 세포에서 액체진동이 다시 전기신호(신경 충동 신호)로 전환
- 전기신호가 중추(청신경)를 거쳐서 뇌에 전달
- 뇌에서 전기신호가 소리로 전환, 소리를 해석

 이와 같은 전달 과정 중 어느 한 곳이라도 이상이 있으면 청각 문제가 유발될 수 있다.

골도전도

골도전도는 소리가 고막을 거치지 않고 내이로 직접 전달되어서 대뇌의 청각 피질에 이르는 경로이다. 음파가 두개골에서 바로 중간계의 림프로 전해지거나, 또는 두개골에서 이소골을 거쳐서 난원창으로 전도되는 경로가 있다.

1-4
청각의 구조와 기능

✎ 청각은 구조별로 각각 세부적인 특정 기능을 담당하고 있다. 이러한 청각의 구조별 기능 중에서 어느 한 부분이라도 문제가 있다면, 말과 소리를 정상적으로 처리하고 이해하기 어렵게 된다. 청각의 구조별 주요 기능은 다음과 같다.

1) 청각 구조

청각의 기관은 외이(이개~외이도), 중이(고막~등골 끝), 내이(달팽이관~반고리관)로 나눌 수 있다(그림 1-1. 귀의 구조 참조).

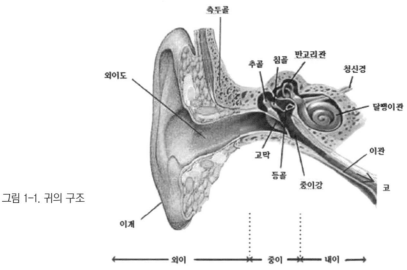

그림 1-1. 귀의 구조

2) 청각 구조별 기능

자신의 신체 내부에서 나는 소리는 바로 달팽이관을 통해서 뇌로 전달되지만, 외부의 소리는 외이를 거쳐서 중이의 고막을 진동하고, 이소골을 거쳐서 내이의 달팽이관에 전달된다. 이 소리는 달팽이관에서 유모 세포에 의하여 주파수별로 분류되고 기호화된 후에 청신경을 거쳐서 뇌로 전달되어 소리를 이해하고, 반응하게 되는 것이다.

(1) 외이(Out Ear: External Ear)의 구조와 기능

외이는 외부 환경으로부터 소리를 모아서, 증폭하여 중이로 전달하는 역할을 한다.

① 이개(귓바퀴: Auricle)

이개(귓바퀴)는 연골로 되어있고, 혈관은 단층으로만 구성되어 있으며, 피하 지방층이 없고, 인체에서 가장 얇은 피부로 덮여있다. 깔때기의 원리에 의해 환경으로부터 소리를 모으는 역할을 한다.

② 외이도(External Auditory Canal)

외이도는 이개와 고막 사이의 통로이며, 외부 공기의 압력을 고막이 직접 받지 않도록 S자 형으로 되어있다. 외이도 외측의 1/3은 연골부로 되어있고, 내측 2/3는 골부로 되어 있다. 외이도의 길이는 약 3.0㎝, 내경은 7~9㎜이다.

섬모와 피지선에 의해서 이물질의 침입을 막는 방어작용을 하며, 2,000Hz~5,500Hz 범위에서 공명 역할을 한다. 이개에서 모인 소리는 외이도 내의 공명에 의하여 약 10~15dB 정도 더 커지게 된다. 외이도에 귀지가 지나치게 많거나 이물질이 쌓여있거나 염증이 있으면 소리 전달력이 떨어지게 된다. 신생아(생후 1개월까지)의 경우, 측두골 발육이 완성되지 않아서 골부 외이도가 없는 것이 특징이다.

외이도에 귀지, 이물질, 외이염, 종양이 있으면 전달되는 소리 크기가 감소될 수 있다.

(2) 중이(Middle Ear)의 구조와 기능

중이는 고막과 달팽이관 사이의 공기로 채워진 6면체의 공간이며, 점막으로 덮여있다. 외측에는 고막이 있고, 중간에는 이소골(추골, 침골, 등골)이 있고, 내측은 난원창과 정원창이 있다.

① 중이의 구조

:: **고막**(Tympanic Membrane, Eardrum)

고막은 외이도와 고실(중이강) 사이에 있는 얇은 탄력성 막이며, 직경(높이) 9mm, 폭 7.5mm, 두께 약 0.1㎜, 면적 약 65㎟의 타원형으로 되어 있다.

고막은 외이도를 통해 들어온 소리에 의해 진동을 하며, 공기 입자의 아주 미세한 진동까지도 감지할 수 있다. 고막은 외이도로부터 전달받은 음파 진동을 이소골로 전달하는 기능을 한다. 고막의 파열, 염증, 액체가 있으면 고막의 활동이 원활하지 못하여 청력이 저하될 수 있다.

:: **고실**(Tympanic Cavity: Middle Ear Cavity: 중이강)

고실은 고막과 내이 사이에 공기가 들어있는 콩알 크기의 공간이다. 고실은 상하, 전후, 내외의 6벽의 오목렌즈와 같은 모양이며, 높이에 따라 상고실, 중고실, 하고실의 3개의 고실로 구분된다. 고실 내에는 이소골 및 이내근이 위치하고 있다.

:: **이소골**(Auditory Ossicle)

고실 내에 있는 이소골은 추골(malleus: 망치골), 침골(incus: 모루골), 등골(stapes: 등자골)의 3개의 작은 뼈로 구성되어 있다. 이소골은 수축과 팽창을 반복하면서 소리를 내이의 달팽이관으로 전달한다. 소리가 들어와서 고막을 진동시키면 이소골의 추골, 침골, 등골의 순으로 전달되고 증폭되어 난원창을 거쳐서 내이로 연결된다. 중이에 액체가 차면 이소골의 수축, 팽창 활동이 억제되어 소리 전달을 약화시킬 수 있다. 이소골의 3가지 작은 뼈는 태어나기 전에 어른 크기와 동일하며, 태아는 자궁 내에서도 엄마의 목소리를 알게 된다.

> a. 추골(malleus: hammer): 길이 7.5~8.0㎜ 정도. 두부 (head), 경부(neck), 병(handle)으로 구성.
>
> b. 침골(incus): 길이 6~7㎜ 정도. 장각(long crus), 단각(short

crus), 체부(body), 단돌기(short process), 장돌기(long process), 두상돌기(lenticular process)로 구성.

c. 등골(stapes): 높이 3.3mm로 신체의 뼈 중에서 가장 작음. 두부(head), 전각(anterior crura), 후각(posterior crura), 족판(footplate)으로 구성.

:: 난원창(Oval Window)

등골의 끝 부분에 위치한 중이와 내이 사이에 있는 달걀 모양의 구멍이며, 달팽이관에 직접 연결되어 있다. 음파를 내이로 전달하는 입구 역할을 하며, 고막에서 받아들인 소리의 진동이 장해를 받지 않고 이소골을 거쳐서 내이로 전달되게 한다. 고막의 안팎을 항상 같은 기압으로 고정시키며, 난원창의 울림이 달팽이관 속의 림프액을 진동시켜 뇌로 보내져서 음을 인식하게 된다.

:: 이관(Auditory Tube: Eustachian Tube)

이관은 중이(중이강: 고실)에서 비강으로 연결되는 35mm의 가느다란 관으로, 내측(고실 쪽) 1/3의 골부와 외측(인두쪽) 2/3의 연골부로 구성되어 있다. 이관은 보통 닫혀있으나, 연하운동이나 하품 등으로 열리면 공기가 중이강으로 들어가게 되고 고막 안과 밖의 기압이 평행을 이루게 된다.

이관은 중이의 환기를 담당하고, 중이의 압력이 바깥귀의 압력과 동일하게 조정하는 역할을 한다. 이관의 기능이 원활하지 못하여 통기가 적절히 되지 않으면, 중이염의 원인이 될 수 있다. 염증 등으로 이관이 막힐 경우, 고막의 압력조절이 어려워지고 고막의 진동을 방해하여 소리 전달 기능이 방해받을 수 있다.

성인의 이관은 길이가 약 3.5~3.7㎝이나, 유아는 성인보다 짧고 넓으며, 수평으로 되어있어서 감기나 인두염 등의 상기도 염증이 올 경우, 쉽게 중이강으로 파급되어서 중이염이 유발될 수 있다.

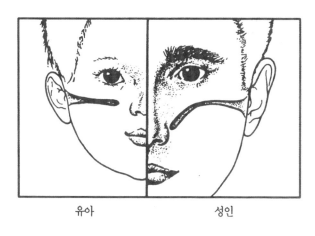

유아   성인

그림 1-2. 유아와 성인의 이관 차이
그림 출처: 『이비인후과학(노관택, 2006)』, p.47

② 중이의 주요 기능: 소리의 증폭 및 소리 반사(감소)

중이에서는 길이, 면적, 구조, 근육 등에 의하여 소리 증폭 및 소리 반사(소리 감소) 기능을 하게 되는데, 중이의 소리의 증폭기전과 소리의 반사기전의 원리와 정도는 다음과 같다.

:: 중이의 소리 증폭(약 30dB)

이소골은 고막과의 면적비/ 지렛대/ 원뿔 효과를 수행하여 소리의 진동을 효과적으로 달팽이관에 전달하는 역할을 한다. 이 세 가지 원리의 증폭 효과는 약 30~35dB 정도이다.

중이는 공기 중의 음파를 내이 액으로 전도시키는 과정에서 증폭 기능을 하게 된다. 중이의 중요한 역할 중의 하나는 매질이 다른 공기와 액체 간의 에너지 반사를 줄여서 에너지 전달 효율을 높여주는 것이다.

중이는 소리 에너지 전달의 효율성을 높여주는 임피던스(음향 저항) 변환기라 할 수 있다. 중이는 추골과 침골 간의 길이비로 인한 지렛대 효과, 고막과 등골 간의 면적비 등 물리학적 특성을 이용하여 임피던스 차이를 줄여주고 소리 증폭 역할을 한다.

침골과 추골 사이의 길이비가 약 1.3으로 압력비가 1.3배 증가하게 되고, 이로 인해 약 2~3dB 음압이 증폭되고, 고막과 등골의 면적비가 약 17배로 인한 소리 증폭으로 약 25dB가 증폭될 수 있다. 또한, 고막의 오목한 형태로 인한 집음력과, 복원력으로 인하여 2배 정도의 압력 상승 효과가 가능하여, 3dB 정도 소리 증가가 가능하다. 이와 같은 원리로 중이에서 소리 증폭은 전체적으로 약 30dB까지 가능하게 된다.

소리가 중이를 통과하지 않고 직접 난원창을 두드리게 되거나, 중이의 기관이 없는 경우, 만성 중이염으로 인하여 중이가 제 역할을 못하는 경우, 중이에 의한 약 30dB 정도 소리 증폭을 못 하여 약 30dB의 청력 손실을 입을 수 있게 된다.

표 1-6. 중이의 소리 증폭기전(약 30dB)

지렛대비 (lever ratio)	추골병자루와 침골장각의 길이의 비가 1.3:1 정도, 이 길이의 비에 의해 약 2~3dB 증폭.
면적비 (hydrodynamic ratio): 수력 역학적 원리	고막의 가동 면적은 약 55㎟(실제 면적 85~90㎟)로, 등골 면적의 약 17배가 됨으로 인하여 소리가 약 25dB 상승
전단 효과 (catenary effect: shearing effect)	고막의 오목한 형태로 인한 집음력과, 복원력으로 인하여 2배 정도의 압력 상승 효과가 가능하여, 3dB 정도 상승

* 참고 자료1: 『이비인후과학(노관택, 2006)』, p.54
* 참고 자료2: 『두경부외과학 1(대한이비인후과학회,2009)』, p.26

:: **중이의 소리 반사**(약 10~30dB 감소)

중이의 이내근은 70dB 이상의 강한 음에 자발적, 반사적으로 수축하여 내이를 강한 음으로부터 보호하는 역할을 한다. 이 근육들이 수축하면 이소골이 경직되어 내이로 전달되는 소리가 줄어들게 된다(약 10~30dB 감소). 이내근의 수축 시에 난원창과 등골의 진동이 억제되어 일시적으로 달팽이관에 도달하는 소리의 크기를 경감할 수 있다. 특히, 2kHz 이하 주파수의 소리를 더 효과적으로 차단한다. 큰 소리에 이 근육들이 수축하는 것을 소리 반사(acoustic reflex)라 한다.

표 1-7. 중이의 소리 반사(감소)기전

이내근 (고막장근,등골근) 의 수축작용	중이는 큰소리로부터 청각 보호를 위한 반사기전을 가지고 있다. 이소골의 고막장근과 등골근이 수축하면 이소골이 경직되고 난원창과 등골의 진동을 억제하여 달팽이관에 도달하는 소리의 크기를 약 10~30dB 감소시킬 수 있다.

* 참고 자료1: 『이비인후과학(노관택, 2006)』, p.54
* 참고 자료2: 『두경부외과학 1(대한이비인후과학회, 2009)』, p.26

:: **이내근**(Auditory Muscle: 고막장근, 등골근):

이내근은 이소골에 붙어있는 2개의 작은 근육인 고막장근(tensor tympani muscle)과 등골근(stapedius muscle)이다. 하악신경의 지배를 받아 수축하면 추골병을 안쪽으로 끌어당기는 기능을 한다.

등골근은 짧고 두꺼운 근육으로, 신체에서 가장 작은 근육이다. 안면 신경의 지배를 받아서 등골근이 수축하면 등골을 뒤쪽 및 바깥쪽으로 당기는 기능을 한다.

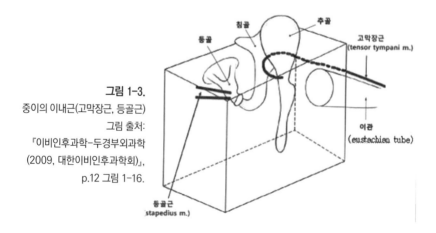

그림 1-3.
중이의 이내근(고막장근, 등골근)
그림 출처:
『이비인후과학-두경부외과학
(2009, 대한이비인후과학회)』,
p.12 그림 1-16.

(3) 내이(Inner Ear)의 구조와 기능

내이는 외이나 중이보다 매우 복잡하다. 내이는 달팽이관(와우, 청각부)과 전정 기관(전정부)으로 나누어진다. 달팽이관에서 청력을 담당하고, 전정 기관에서는 평형 감각을 담당한다. 내이 기능에는 음파를 전기 에너지로 변환시켜 뇌에 전달하는 청각 기능과 평형 정보를 뇌에 전달하는 평형 기능이 있다.

① 달팽이관(Cochlea)

달팽이관은 길이 약 3.5cm, 지름 2mm로 완두콩 크기이며, 속이 비어있는 나선형의 뼈로 약 2바퀴 반 회전한 모양이다. 달팽이관에는 전정계(scala vestibuli), 중간계(scala media), 고실계(scala tympani)라는 3개의 방이 있다.

전정계는 전정과 근접해 있으므로 전정계라 부르며 외림프액이 들어있고, 등골과 연결된 난원창을 가지고 있다. 중간계는 전정계와 고실계 사이에 있고 내림프액이 들어있고, 중간계 바닥의 기저막 위에 코르티 기관(organ of corti)이 있다. 고실계는 고실과 접해 있고 외림프액이 들어있고, 정원창(round window)을 가지고 있다.

정원창은 달팽이관의 기저부에 있는 얇은 막으로 덮인 창이며, 제2의 고막 역할을 한다. 중이에서 전달된 음은 달팽이관의 전정계, 고실계의 액체 진동을 일으키고, 중간계의 기저막을 진동시켜 코르티 기관을 자극한다.

달팽이관의 코르티 기관의 내측에는 1줄의 내유모 세포(inner hair cell)가 약 3,500개 정도 있으며, 그 외측에는 3줄의 외유모 세포(outer hair cell)가 약 12,000개 정도 있어서 유모 세포는 총 15,000개 정도가 된다. 내외 유모 세포가 협력하여 작은 소리에서부터 큰 소리까지 모든 소리를 들을 수 있게 된다. 내유모 세포는 외유모 세포보다 이독성 약물에 저항이 강하고, 청신경을 통해 뇌로 메시지를 보낼 수 있다.

달팽이관의 중요한 기능은 소리를 주파수별로 분류하고 기호화하여 뇌로 전달하는 것이다. 달팽이관의 코르티 기관의 유모 세포에서 소리의 운동 에너지(음파)는 전기 자극으로 변환되어 청신경을 통하여 뇌에 전달되고, 뇌에서 이 신호들이 소리로 전환되어 소리를 지각하게 된다. 달팽이관의 유모 세포의 상태에 따라 사람의 청력 역치의 정상 여부가 결정될 수 있다. 유모 세포의 수가 적거나 많이 손상되면 난청이 올 수 있다.

달팽이관의 유모 세포는 약물 부작용, 큰 소리, 기타 원인에 의하여 손상될 수 있다. 달팽이관의 유모 세포는 부위마다 처리하는 담당 주파수가 배정되어 있다. 고주파수(high frequency sound)는 달팽이관의 아래쪽에서, 저주파수(low frequency sound)는 달팽이관의 위쪽에서 처리된다. 달팽이관에서 선별되고, 처리된 주파수 정보는 뇌의 청각 피질에서도 각각 분화된 주파수 영역에 전달된다.

전체 유모 세포가 완전히 손상되어버린 경우에는 어떤 소리도 듣지 못하는 농이 될 수 있다. 유모 세포가 부분적으로 손상된 경우, 손상된 부위가 담당하는 해당 주파수의 소리만 듣지 못하게 된다.

② 전정 기관(Vestibule)

전정 기관은 몸의 운동 감각과 위치 감각을 감지하며, 전정과 반규관으로 구성되어 있다. 전정은 구형낭(saccule), 난형낭(utricle)으로 이루어지며, 반고리관과 함께 평형 감각을 담당하는 전정 미로를 형성하고 직선 운동과 중력에 의한 머리의 위치를 감지한다.

반규관(반고리관, 세반고리관, 삼반규관)은 굵기 0.3∼0.5mm로, 내부는 림프액으로 채워져있는 3차원적 구조이다. 서로 수직/ 직각 형태로 몸의 회전 및 가속을 느끼는 기관이다. 대부분의 회전 감각은 여기서 담당하며, 일부의 회전 감각은 전정 기관이 담당한다.

상(전)반고리관(superior semicircular cana): 전, 후 회전- 머리의 정면 방향에서 45도 돌아가 있다.

후(수직) 반고리관(posterior canal): 상, 하 회전- 머리의 정면 방향과 135도 위치에 있다.

외측(수평) 반고리관(lateral canal): 수평 회전- 머리의 수평면에서 30도 위로 돌아가 있다.

3) 청각기관의 소리 전달 경로

외부의 소리는 외이, 중이, 내이를 거쳐서 대뇌의 청각 피질에 도달하여 소리를 인식하게 된다. 이 과정의 어느 한 부분이라도 이상이 발생하면 청력 문제나 청지각 문제가 발생한다.

표 1-8. 외이, 중이, 내이의 소리 전달 세부 경로

귓바퀴(이개)에서 소리 모음→외이도→고막을 진동→이소골의 추골-침골-등골을 차례로 진동→난원창→달팽이관의 전정계의 외림프 진동→달팽이관의 중간계의 내림프 진동→달팽이관의 중간계의 기저막 위의 코르티 기관의 유모 세포 자극→유모 세포는 음파를 전기 자극으로 전환→와우 신경 섬유→나선신경절→대뇌의 청각 피질→소리로 전환, 소리 해석

1-5
청각의 소리 방어/ 증폭

✎ 청각은 필요 시 스스로 소리를 차단하고, 증폭하고, 감소하는 기능을 한다. 이러한 청각의 기능이 원활하지 못하면 청각이 손상될 수 있다. 베라르AIT는 왜곡된 청각을 정상화하고, 중이의 청각 기제를 재조직화하는 역할을 할 수 있다.

1) 소리 차단

청각은 필요한 소리에만 집중하고, 불필요한 배경 소음은 걸러내서 차단하는 기능을 가지고 있다. 이런 기능이 원활히 작동하면 소음은 무시하고 중요하고 관심 있는 소리에만 선택적으로 주의 집중이 가능하다. 그러나 청각 왜곡으로 말소리는 잘 안 들리고 소음이 너무 크게 확대되어 들린다면, 소음 차단 기능으로 감당이 안 되어 말소리의 변별이 곤란하게 된다.

2) 소리 증폭

중이의 소리 증폭 기제는 30dB까지 증폭이 가능하여 약한 소리를 듣는 데 유리하다(자세한 사항은 「중이의 주요 기능: 소리의 증폭」 참조).

3) 소리 감소

중이의 소리 반사 기제는 큰 소리로부터 청각을 보호한다. 이소골의 고막장근과 등골근이 스스로 작동하여 달팽이관에 도달하는 소리의 크기를 약 10~30dB까지 감소시킬 수 있다(자세한 사항은 「중이의 주요 기능: 소리 반사」 참조).

제2부

청각 왜곡

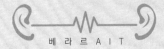

　베라르 박사는 "행동 문제(언어, 인지, 학습)의 원인과 해결책이 완전히 청각에 달려있다."라고 하였다.

　소리가 안 들리거나, 실제보다 작거나 너무 크게 들린다면, 앞뒤 순서가 전환되어 들리거나 혼합되어 들린다면, 어떨까?

　청각 과민으로 직장을 그만두고 조용한 시골로 들어간 청년, 스스로 가죽으로 제작한 귀마개를 착용하고 다니던 50대 남성, 정신과 약을 처방받은 여학생 등 청각으로 괴로움을 겪는 많은 사람을 만난 적이 있다.

　부모와 교사는 뭔가 잘못되었다고 수없이 검사받고 이유를 확인하려 한다. 심리치료, 언어 치료, 행동치료…. 그러나 문제가 청각에 있다면 수없이 실패하고, 상황은 개선되지 않는다.

　아동은 벌을 받고 문제 아동으로, ADHD로 낙인 찍히고, 때로는 사이코틱으로 오해를 받아서 정신과 약을 처방받기도 한다.

　소리를 듣고도 이해를 못 한다면 눈을 뜨고도 보지 못하는 것과 같다. 초점 없는 총으로 과녁을 맞출 수 있겠는가? 근시 아동에게 안경 없이 보기 훈련만 한다고 보이겠는가?
　마찬가지로 청각 왜곡의 교정 없이 노력만 한다고 효율적으로 말하고, 행동하고, 학습하기를 기대할 수 없다.

　이러한 청각 왜곡의 문제를 어떻게 해결할 수 있을까? 본 파트에서는 청각 왜곡의 원인, 증상, 치료에 관하여 세부적으로 다룬다.

2-1
청지각 문제 유발

✍ 오래전에 동해안을 따라 운전하던 중에 "낙석 위험…"을 알리는 안내음이 나에게는 "약사구리…"로 들린 적이 있었다. 아들의 치료차 함께 왔던 한 아버지가 음악을 들어보고는 음악으로 들리지 않고 기계음(찍~ 찍~ 등)으로만 들린다고 하였다. 군 복무 중에 한쪽 청각을 다친 적이 있다고 하였다.

청각 왜곡이란 소리를 사실과 다르게 듣는 것을 말한다. 소리가 실제보다 크거나 약하게, 울리거나 찢어지게, 소리의 앞뒤 순서가 전환되어, 앞뒤 소리가 혼합되어 들리는 현상이다. 청각 왜곡이 있으면 음의 변별에 혼란을 주어서 언어, 인지, 발음, 의사소통 등 학습 전반에 불리한 영향을 미치게 된다.

청지각 문제란 소리 자체를 듣기는 하나, 의미를 이해하지 못하는 것이다. 청각 왜곡으로 소리를 사실대로 듣지 못하면 필연적으로 청지각 문제를 유발하게 된다.

청각 왜곡으로 소리가 변형되어 들리고, 주변 소음과 말소리 구별이 곤란하고, 말소리의 앞뒤 순서가 전환되어 들리거나, 말소리의 앞뒤 음이 동시에 들리면, 청지각 문제로 인하여 말귀를 잘못 알아듣고, 지시 따르기 곤란, 되묻기를 하거나, 오해, 상황 파악 곤란, 동문서답, 발음 문제, 받아쓰기 곤란, 주고받기 대화 곤란, 언어 지체 등이 나타나게 된다.

청각 왜곡은 청지각 문제를, 청지각 문제는 언어, 인지, 학습, 행동 등 발달상의 문제를 유발하는 상호 필연적 관련이 있다.

언어, 인지, 학습, 행동 문제를 지닌 유아, 아동, 청소년들의 대부분이 베라르AIT 후에 상당한 호전을 보이는데, 이러한 현상은 청각이 정상화되면서 청각 왜곡으로 인한 청지각 문제가 제거되고, 두뇌 활성화가 이루어졌기 때문이다.

청각 왜곡의 증상

✎ 청각 왜곡이 있으면 겉으로 나타나는 증상은 다음과 같다:

- 말귀를 잘못 알아듣는다.
- 일부 소리를 놓치고 못 듣는다.
- 되묻기를 자주 한다.
- 동문서답을 한다.
- 지시 수행이 어렵다.
- 오해를 한다.
- 상황 파악이 어렵다.
- 발음 문제가 있다.
- 받아쓰기 문제가 있다.
- 주고받기 대화가 곤란하다.
- 언어 지체가 나타난다.

이상의 증상은 집에서나 일대일 상황에서는 덜하고, 단체 상황, 사람이 많거나 배경 소음이 많은 환경에서는 더 심하게 나타난다.

1) 편측성 청각 왜곡 증상: 말소리의 앞뒤 순서 전환/ 혼합

편측성 청각 왜곡 문제가 있으면 소리 순서가 전환되어 들리거나, 동시에 들릴 수 있다. 예를 들면 'cob'을 'bock'으로, 'cool'을 'look'으로 듣게 된다(자세한 예시는 제3부, 베라르AIT, 핵심 기능 참조).

(1) 외부 소리의 순서 전환/ 혼합

우리의 청각은 오른쪽 귀나 왼쪽 귀로 소리를 듣게 되면, 뇌량 (corpus callosum)을 통과하여 반대편 뇌로 전달된다. 오른쪽 귀로 처리하는 주파수의 소리는 좌뇌의 언어센터로 즉시 도달하여 왼쪽 귀로 전달되는 소리보다 먼저 들릴 수 있다(그림 2-1 참조).

왼쪽 귀로 처리하는 소리는 우뇌로 갔다가, 뇌량을 통과하여 다시 언어센터가 있는 좌뇌로 가야만 소리를 인지할 수 있다. 뇌량이라는 장애물을 통과하는 데 0.4~0.04초 지체되기 때문이다. 좌뇌의 언어센터는 브로카/ 베르니케 영역이다.

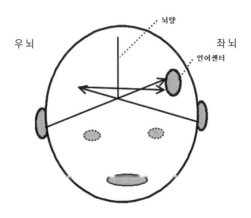

그림 2-1. 외부 소리 처리 경로

(2) 자기 목소리 순서 전환/ 혼합

　대부분 자기 목소리는 외이, 중이의 통과 없이 바로 좌뇌의 언어센터로 전달된다. 아래의 그림(그림 2-2)의 입에서 언어센터로 가는 점선 표시 경로이다. 이런 경우는 문제가 없다.

　그러나 자기 목소리가 어떤 소리는 우측 귀를 통하여, 어떤 소리는 좌측 귀를 통하여 처리되어 들릴 때 앞뒤 소리가 전환되거나 혼합되어서, 또는 지체되어서 들려서 다음 말을 시작하기 전에 앞의 소리가 메아리처럼 울리면서 혼란이 오게 된다.
　앞선 음절이 처리되기 전까지는 다음 음절이 처리될 수가 없어서 말 속도가 현저히 느려지거나, 말더듬의 원인이 되기도 한다. 일부 말더듬의 경우는 명백히 이런 범주에 속한다.

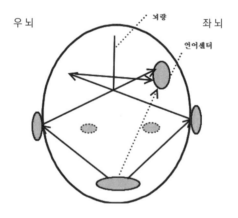

그림 2-2. 자기 목소리 처리 경로

(3) 혼란의 극대화

외부의 소리든, 자신의 목소리든 모든 소리를 완전히 어느 한 쪽(왼쪽이나 오른쪽)에서 처리한다면 혼란이 적다. 주파수별로 무작위로 좌우측 귀로 교체되어 처리될 때, 훨씬 더 복잡해진다.

통상적으로 다양한 주파수의 음소그룹이 폭발적으로 빠르게 귀로 들어오기 때문에 청각에는 더욱 많은 복잡한 문제들이 일어나게 된다.

2) 난독증/ 읽기 문제 발생

읽기의 선행 조건은 소리가 왜곡 없이 들려야 하고, 문자의 시각 정보와 소리의 청각 정보의 통합이 되어야 한다.

편측성 청각 왜곡으로 언어센터에 소리 정보가 주파수별로 무작위로 변환되어 들어와서 문자들이 순서대로 들리지 못하거나, 자기 목소리가 메아리처럼 울린다면, 난독증/ 읽기 문제가 발생한다.

또한 소리가 실제보다 약하게, 크게 왜곡되어 들리는 경우에도 메시지는 뒤엉켜서 이해하지 못한 채로 사라지게 된다.

자신의 목소리를 순서대로 듣지 못할 때, 지체되어 받아들일 때, 읽기에는 중대한 혼란이 발생된다. 각 음소는 해당하는 주파수 위지가 있다. 모든 주파수의 소리를 고르게 들어야 소리가 왜곡 없이 있는 그대로 인식될 수 있기 때문이다.

표 2-1. 음소별 주파수 지대

음소 유형	해당 음소	주파수
대부분 자음	– b, d, m, n, z, v 등 – ㅁ, ㅂ, ㅈ, ㄴ, ㄷ 등	125~500Hz
대부분 모음	– a, e, i, o 등 – ㅗ, ㅜ, ㅏ, ㅓ, ㅣ, ㅐ, ㅔ 등	500~1,500Hz
격음 및 복합자음	– k, t, p, ch, sh, th 등 – ㅋ, ㅌ, ㅍ, ㅊ, ㅎ, ㅅ, ㅆ 등	1,500~8,000Hz

3) 모음을 못 듣는다

아래 그림 2-3은 자음은 잘 듣고, 모음을 약하게 듣는 청각 유형이다. 이런 청각은 '물'을 '마울'로 , '코스'를 '커스'로 잘못 들을 수 있다. 모음(ㅜ)이 자음(ㅁ, ㅋ)에 의하여 덮여버리기 때문이다.

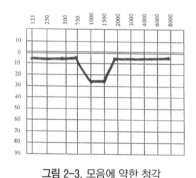

그림 2-3. 모음에 약한 청각

4) 자음을 못 듣는다

그림 2-4는 모음을 잘 듣고, 자음을 희미하게 듣는 청각 유형이다. 이런 청각은 '데이트'를 '베이트'로, '마이크'를 '바이크'로 잘

못 들을 수 있다. 자음(ㄷ, ㅂ, ㅁ)이 모음(ㅣ)에 의하여 덮여버리기 때문이다.

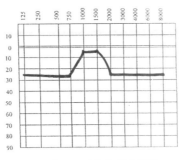

그림 2-4. 자음에 약한 청각

5) 소리가 실제보다 크게/ 작게 들린다

아래 그림 2-5의 청각 그래프에서 뾰족하게 솟아오른 부분의 주파수(1,000, 3,000, 6,000Hz 등)는 실제보다 크게 들리고, 골짜기처럼 내려간 부분의 주파수(500, 2,000Hz 등)는 실제보다 작게 들린다.

동일한 소리가 청각의 형태에 따라 다르게 들리게 된다. 베라르 AIT는 청각 과민/ 둔감, 주파수 간 기복이 많은 청각으로 인한 청각 왜곡을 정상화할 수 있다.

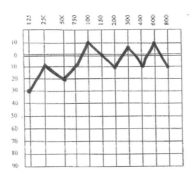

그림 2-5. 소리 크기가 다르게 들리는 청각

6) 주의가 산만하다

말소리는 잘 안 들리고, 소음이 너무 크게 들려서 쉽게 주의가 산만해진다. 항상 배경 소음이 깔려있어서 소리가 깨끗하게 들리지 않는다.

7) 소리 높낮이 구별이 안 된다

소리 높낮이(피치) 변별에 문제가 있는 경우, 음치 증상이 나타날 수 있고, 억양 변화가 많은 외국어 학습에서 불리하다.

8) 발음 문제가 있다

청각 왜곡으로 소리 순서가 전환되거나, 동시에 들리거나, 사실과 다르게 들릴 경우, 들리는 대로 말하고 발음하기 때문에 단어 모방이나 발음의 문제가 발생할 수 있다.

발음 문제가 심하여 엄마도 알아듣지 못하는 발성을 하는 아동이 있다('딱지를 쩌찌'로/ '터닝메카드'를 '꼬꼬까끼'로).

주변인이나, 또래가 자신의 말을 알아듣지 못하면 스트레스를 받고, 문제 행동으로 나오고, 밖에서는 아예 말을 안 하려고 한다.

9) 받아쓰기 문제가 있다

소리 순서의 전환, 혼합되어 들릴 때, 모음이 자음을, 자음이 모음을 덮어버릴 때, 배경 소음이 있을 때, 새로운 과제를 학습하거나 받아쓰기에서 어려움이 발생한다. 들리는 대로 받아쓰기 때문이다.

:: **왜 때로는 받아쓰기를 바르게 하는가?**

청각 왜곡이 있어도 때로는 정확히 듣고, 받아쓰기를 바르게 하는 경우가 있다. 여기에는 특별한 이유가 있다. 받아쓰기가 느리게 진행될 때나, 집에서 사전 연습을 했을 때는 문제가 나타나지 않을 수 있다.

첫 번째 이유는 교사의 발음과 말하는 속도 때문이다. 천천히 또박또박 말한다면 말의 순서 전환/ 소리 혼합 등의 왜곡 요인이 없어지기 때문이다.

두 번째 이유는 스스로의 경험과 노력으로 특별한 순서를 만들고 개발한 노력의 결과이다. 오랜 경험으로 스스로 정보를 수정하기 때문이다. 이런 경우 추가적인 노력을 해야 하기 때문에 피곤해지고 불리하게 된다.

베라르 박사의 저서에 소개된 인간의 놀라운 적응력:

독일의 과학자가 실험을 위하여, 피험자의 망막에 모든 사물이 거꾸로 보이게 하는 안경을 착용시켰다. 그러나 몇 주 후에 그 피험자는 스스로 시각센터를 조정하여 정보를 교정하여 세상을 거꾸로 보지 않게 되었다. 그 후에 다시 그 안경을 제거하여 다시 세상이 거꾸로 보이게 했다. 또다시 몇 주 후에 정상으로 돌아왔다.

청각 왜곡 관련 장애

✍ 청각 왜곡이 있는 아동은 청각의 방해로 인하여 자신의 잠재능력을 충분히 발휘하지 못하여 언어, 인지, 학습에서 전반적으로 낮은 수준에 머물게 된다.

청각 왜곡이 있어도 드물게 학업성적이 좋은 아동이 있으나, 다른 아동에 비하여 지능이 좋거나, 월등한 노력과 시간을 투여하였기 때문이다. 이런 아동은 다른 아동에 비하여 쉽게 피로하게 된다.

대부분의 청각 왜곡과 관련된 장애는 다음과 같다.

1) ADHD/ 학습 장애

ADHD와 학습 장애는 많게는 약 50%까지 상호 중복적이다. 오랫동안 치료를 진행하면서 만났던 ADHD 아동과 학습 장애 아동의 청각 검사에서 대부분이 왜곡된 청각으로 확인되었다.

베라르 박사가 베라르AIT 치료를 한 1,850명의 난독증/학습 장애 사례 중에서, 1,410명(76.2%)은 매우 긍정적인 결과를,

440명(23.8%)은 한두 가지 이상의 영역에서 눈에 띄는 부분적인 개선이 나타났다.

오랫동안 베라르AIT를 진행하면서 만났던 ADHD/ 학습 장애 아동 중에, 치료 후에 특히 극적인 변화를 나타내는 아동들이 있었다.

치료하면서 ADHD 약을 끊고 바로 읽기가 가능해진 아동, 10년 간 들리던 이명이 소거되고 사람 목소리를 완전히 다르게 듣게 된 아동, 4~5년간 지속되던 틱을 중단한 아동, 집중력이 3분에서 30분으로 증가한 아동이 있었다. 사례별 자세한 경과는 제4부 임상 사례를 참조하면 된다.

2) 경계선 지능

경계선 지능 아동들도 청각 검사를 해본 결과, 대부분 청각 왜곡의 문제가 확인되었다. 청각 문제를 가지고 있는 경우, 자신의 지적인 잠재 능력을 충분히 발휘할 수 없게 된다.

경계선 지능의 사례 중에는 베라르AIT 후에 언어 발달이 급진전하여 치료 2~3개월 만에 언어 수준을 1년 8개월이나 따라잡은 아동이 있었다.

책을 읽을 때 자기 목소리가 울리고, 학령기에 왕따 후유증으로 가족에까지 공격/ 폭력 행동을 행사하던 청년이 첫날 한번 치료하고도 귀가 맑아지는 것을 느꼈다.

차멀미가 치료된 아동, 중이염으로 난청이 심했던 아동의 청력과 어휘력이 월등히 증가하기도 하였다.

3) 지적 장애/ 발달 지체

지적 장애/ 발달 지체 아동들도 청각 과민, 자폐, ADHD 특성을 겸하는 경우가 많다. 순수 지적 장애/ 발달 지체 아동의 경우에도 베라르AIT 후에 유익한 효과를 얻는 이유는 두뇌 활성화로 인하여 전반적인 발달이 촉진되기 때문이다. 특히, 지적 장애/ 발달 지체 아동 중에는 치료할 때마다 새로운 개선이 나타나서 여러 번의 치료를 받은 아동들이 있다. 자세한 경과사항은 제4부 임상 사례에서 확인할 수 있다.

4) 자폐성/ 발달 장애

자폐성 아동 중에는 특히 청각 및 감각이 예민한 아동이 많다. 베라르AIT는 감각통합을 포함한 신경 생리적 기제의 개선을 통해 자폐성 아동에게 긍정적인 효과를 보여주고 있다.

"말만 하면 아파트 전체에 잔치를 벌이겠다"는 아버지, "좋아지면 동네에 짜장면 돌린다"는 아버지, "지금껏 해본 치료 중에서 베라르AIT가 제일이다"는 아버지, "아이만 좋아지면 집이라도 팔

겠다"는 어머니, "지금껏 안 해본 것이 없다, 울어도 괜찮으니 치료해주세요"라는 부모님, 이런 모든 말씀은 부모님의 간절한 마음을 담고있다.

치료하고 특별히 그림을 세련되게 그리는 아동, 글씨를 예쁘게 또박또박 쓰게 된 아동, 극적으로 언어가 발달한 아동 등 수없이 많은 아동을 만났다. 자세한 경과는 제4부 임상 사례에서 확인할 수 있다.

베라르 박사가 소개한 48명의 자폐성 사례 중에서, 47명은 소음 공포가 사라졌고, 47명은 문제행동이 바로잡혔고, 31명은 말하기에서 점진적인 개선이 나타났고, 16명은 전에 못하던 말을 하게 되었고, 1명은 완치가 되었다.

자폐가 완치된 George:

George는 1976년 당시 12세의 나이에 베라르AIT를 하고 극적인 청각 정상화와, 치료 후 2개월이 되기 전에 일반 학교에 통합되고, 17세까지는 완치가 되었다.

치료 6년 후에 1982년에 베라르 박사가 뉴욕에서 만났을 때, 조지는 매력적이고 생동감 넘치고, 영어, 불어, 스페인어에 능통하였다. 그 후에 결혼도 하였다.

5) 아스퍼거/ 고기능 자폐

아스퍼거 아동의 경우에, 베라르AIT 후에, 많은 노력으로 타인은 알아차리지 못할 정도까지 개선되는 사례들이 있다.

치료 후에 청각 정상화, 언어 논리성, 사회성 증가, 학업 성취도 개선, 불안 감소, 틱이 사라지는 등의 효과들이 있었다.

신경 발달 장애 범주의 자폐 스펙트럼 장애:

자폐 장애, 아스퍼거/ 고기능 자폐는 미국정신의학회의 정신 장애의 진단 및 통계 편람(Diagnostic and Statistical Manual of Mental Disorders: DSM)이 개정되어 DSM-5(APA, 2013)부터 신경 발달 장애 범주로 분류되고, 자폐 스펙트럼 장애(autism spectrum disorder: ASD)에 포함되었다.

6) 난청

청지각 문제, 언어 지체, 학습 부진 등의 문제로 나를 찾았던 사례 중에서, 이외로 난청이 발견되었고, 난청이 극적으로 개선되는 사례들이 있었다. 대부분이 잦은 중이염이나, 만성 중이염, 직업상 소음 노출의 과거력이 있었고, 원인을 예측할 수 없는 사례도 있었다.

병원에서는 분명히 이상이 없다고 하는데, 말귀를 알아듣기 어려워서, 아이 문제로 기도 중에 "베라르"라는 문구가 떠올라서, 언어 지체와 학습 부진으로 등 여러 이유로 나를 찾아왔다.

최고 70dB까지 개선되는 사례까지 있었다. 사례별 자세한 경과는 제4부 임상 사례에서 확인 가능하다.

7) 우울증

베라르 박사가 소개한 우울증(자살적 성향)의 사례 233명 중에서, 217명(93%)은 1차 치료에서 치료되었고, 11명은(4.7%)은 2~3차 치료 후에 치료되었다. 4명은 치료 후에 치료에 실패하였고, 1명은 치료 초반에 자살하였다.

베라르 박사의 우울증 사례 중에는:

한 16세 소녀는 두 번이나 자살 시도를 하였으나 치료되었고, 이 소녀의 친구도 여러 번 자살 시도를 하였는데 치료되었다.

심한 우울증을 앓고 있던 한 50대 남성은 "당신이 나를 치료하지 못하면 나는 자살하여 죽어버리겠다, 이미 한 번 시도하여 실패하였으나 다음에는 반드시 성공하여 죽어버릴 것이다." … 베라르 박사는 최선을 다하겠다고 하였으나… 그 남성은 "나를 당장 치료하지 못하면 집에 가자마자 자살하겠다."라고 말했다. 이 남성은 치료 후에 우울증에서 벗어났다.

베라르 박사가 자살을 여러 번 시도했던 많은 우울증 환자를 치료하는 과정에서 확인한 놀라운 사실은 우울증의 경우, 특별한 청각 유형이 있다는 것이었다.

(1) 전형적 우울증 청각(자살적 성향): 2,000/ 8,000Hz 픽(2~8커브)

- 특히 왼쪽 청각에 2~8커브가 있는 청각은 우울증, 자살 성향, 감정 기복의 문제가 있다.
  (오른쪽 청각에 있다면 행동 문제만 나타날 수 있다).
- 양쪽 모두에 2~8커브가 있는 청각은 우울증, 자살성향이 더 심각하다.
- 2~8커브 사이에 골짜기가 깊을수록 우울, 자살적 성향이 더 심각하다(그림 2-6).
- 2~8커브 사이에 골짜기가 약하면 우울, 자살적 성향이 덜 심각하다(그림 2-7).

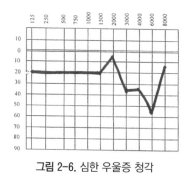

그림 2-6. 심한 우울증 청각

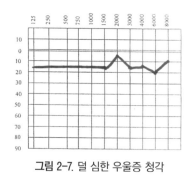

그림 2-7. 덜 심한 우울증 청각

(2) 우울증 관련 청각: 1,000/ 8,000Hz 픽(1~8커브), 1,500/ 8,000Hz 픽(1.5~8커브)

이런 경우에도 전형적이지는 않으나 우울과 관련성이 있다.

(3) 아동의 우울증 양상

성인들의 우울 증상과 달리 2~8커브가 있는 아동의 경우, 특별히 죽음에 관심이 많고, 강박적으로 사로잡혀있다. 어떤 사람이 죽었을 때 적절한 관의 사이즈나, 관을 운반하는 데 필요한 운구 인원 등 특이한 형태로 나타나기도 한다. 이것은 아동의 우울 관련 마음 상태를 보여주는 것이다.

8) 기타

기타 청각과 관련된 문제로 공격성 청각, 알레르기 청각 등의 설이 있으나 생략한다.

발음 문제: 청각 왜곡으로 소리가 사실과 다르게 들리고, 들리는 대로 발음하기 때문이다.

음치 문제: 음의 높낮이 구별이 안 되는 경우, 음치의 원인이 된다.

청각 왜곡 관련 치료 사례는 제4부를 참조하면 된다. 추가적인 자세한 사항은 한국베라르AIT 홈페이지(kait.pe.kr)나 블로그(https://blog.naver.com/sori3291)를 참조하면 된다.

청각 왜곡의 확인

1) 청각 검사

청각 검사를 통하여 청각 왜곡의 여부는 확인 가능하다. 검사가 안 되는 아동의 경우, 위에 제시된 증상을 보고 알 수 있다. 청각 검사 방법 및 세부 사항은 제3부의 청각 검사 부분을 참고하면 된다.

2) 청각 왜곡의 그래프 유형

정상범주(0~20dB)에서 벗어나는 청각은 유형과 정도에 따라 작거나, 크게 청각 왜곡이 일어나고, 청지각 문제를 동반하게 된다. 청각 왜곡의 5가지 대표적인 청각 그래프 유형 다음과 같다.

그림 2-8. 기복이 많은 청각

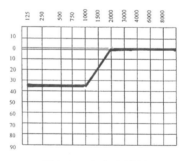

그림 2-9. 고주파 상승형 청각

:: **기복이 많은 청각**(그림 2-8):

주파수 간 고르지 않는 크기로 소리를 듣는 청각이다. 기복의 수가 많을수록, 경사의 크기가 클수록 심한 청각 왜곡이 나타난다.

:: **고주파 상승형 청각**(그림 2-9):

저주파수 말소리를 상대적으로 약하게 듣고 고주파수 소음을 상대적으로 크게 듣는 청각이다. 이런 청각은 주변 소음이 항상 섞여서 들리므로, 말소리를 깨끗하게 들을 수 없게 된다.

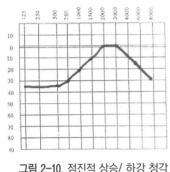

그림 2-10. 점진적 상승/ 하강 청각

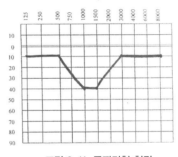

그림 2-11. 골짜기형 청각

:: **점진적 상승/ 하강 청각**(그림 2-10):

청력 역치가 주파수 간 지속적으로 상승하거나, 하강하여 점진적으로 소리를 크게, 또는 작게 듣는 청각이다. 경사가 클수록 더 심한 청각 왜곡이 나타나게 된다.

:: **골짜기형 청각**(그림 2-11):

특정 주파수대 음을 상대적으로 약하게 듣는 청각이다. 이런

청각은 해당 특정 주파수와 데시벨의 소리를 잘 듣지 못하게 된
다. 골짜기가 깊을수록 더 심한 청각 왜곡이 나타나게 된다.

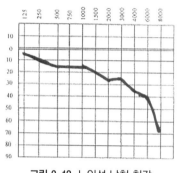

그림 2-12. 노인성 난청 청각

:: **노인성 난청 청각**(그림 2-12):

고주파수부터 청력이 떨어지는 청각이다. 흔히 이명이 동반된
다. 노인성 난청이 진행될수록 인접 주파수로 파급되면서 점점 더
심하게 청력이 떨어지게 된다.

3) 청각 왜곡 유발 청각

청각 왜곡은 소리가 실제와 다르게 들리는 현상인데, 그 원인과
정도는 다양하지만 청각 왜곡을 유발하는 대표적인 청각의 문제
들은 다음과 같다.

:: **과민 청각**(Hypersensitive Hearing)

과민 청각이란 소리를 비정상적으로 과민하게 듣는 청각이다.
특정 주파수를 0dB 이상(-5dB, -10dB, -15dB 등)까지 듣는 경우 여

기에 해당된다. 특정 주파수의 소리(오토바이, 청소기, 드라이기, 환풍기, 마이크 소리, 아이 우는 소리 등)를 처리하는 청각 세포가 지나치게 예민하여 소리가 실제보다 몇 배 확대되어 들리는 현상이다.

대부분의 청각 과민증이 여기에 해당한다. 특정 주파수의 소리에 과민한 경우, 주변 소음에 쉽게 산만하여지고, 일상대화나 생활에 필요한 소리를 잘 듣지 못한다. 이러한 청각 과민증은 대부분 베라르AIT 후에 개선될 수 있다.

:: **극심한 전반적 청각 과민**(Hyperacusis)

특정 주파수의 소리만이 아니라, 환경의 전반적인 소리를 너무 고통스럽게 듣는 청각이다. 환경의 정상적인 소리, 전반적 소리에까지 극심한 청각 과민증(청각 고통)을 나타낸다. 일상적인 소리에도 인내가 곤란하여, 인내심이 붕괴되고 와해된다. 청각 과민증 인구의 1% 정도가 여기에 해당된다. 일반인이 듣기 불편한 소리 수준(85~90dB)보다 훨씬 작은 수준에서도 불편을 느끼며, 인내할 수 있는 소리 크기(dB) 범위가 일반인보다 훨씬 좁다.

극심한 전반적 청각 과민증의 원인은 약물로 인한 생화학적 불균형, 큰소리 노출, 사고, 두뇌 손상, 수술 등으로 인한 청각의 손상이나 역기능이다.

한 중년남성은 버스 기사로 일하던 중에 교통사고 후에 극심한 청각 과민증이 발생되어서 해당 구청의 소개를 받고 나를 찾았다.

그는 생활의 전반적 소리들이 너무 괴로워서 스스로 제작한 가죽 귀마개를 휴대하며, 착용하고 다녔다. 사고로 인한 두부의 청각 기제를 손상 받은 경우이다.

:: 음의 높낮이 변별 문제(Selectivity Problem)

음의 높낮이 변별 문제란 소리의 주파수 간의 높낮이(pitch) 구별이 안 되는 것이다. 이런 경우 3,000Hz를 4,000Hz으로, 8,000Hz을 6,000Hz으로 잘못 듣거나, 구분을 못하게 되면서 청각 왜곡이 발생한다.

음의 높낮이 변별 문제는 개인에 따라서 일부 특정 주파수에서만 나타나기도 하고, 주파수 전반에 걸쳐서 나타나기도 한다. 이런 경우, 소리 지각의 이상으로, 소리 모방을 정확히 할 수 없고, 음치 증상을 보이며, 억양 변화가 중요한 외국어의 학습에서 불리하게 된다. 베라르AIT로 교정 가능하다.

:: 편측성 청각 문제(Auditory Laterality Problem: Dyslaterality)

우리의 청각에 다양한 주파수의 소리들이 청각으로 투입될 때, (오른손잡이나 왼손잡이와 마찬가지로) 소리들이 오른쪽 귀나 왼쪽 귀를 통하여, 또는 중앙에서 처리된다.

청각의 편측성 문제는(dyslaterality)는 어떤 주파수의 소리가 한쪽 귀로는 지각되고 다른 쪽 귀로는 지각되지 않거나, 또는 한쪽 귀로는 다른 쪽 귀보다 약하게 지각되는 상태이다.

편측성 청각 문제가 있으면 어떤 음소나 글자의 어순이 반전되기도 하고, 동시에 들리거나, 일부 단어는 느리게 파악될 수 있다. 편측성 청각 문제에 관한 자세한 사항은 「제3부 베라르AIT, 3-3 핵심 기능」을 참조하면 된다.

:: **소리 혐오증/ 소리 기피증**(Misophonia)

소리 혐오증/ 소리 기피증은 큰 소리에 민감하지는 않으나 저음의 특정 소리들을 못 견디게 싫어하고 괴로워하고 고통스러워하는 증상이다. 큰 소리가 아닌 특정의 저음에, 약한 소리에 증오감을 가지는 선택적 소리 민감 증후군이다.

대표적인 혐오대상의 소리는 먹는 소리, 씹는 소리, 타이핑 소리, 기침 소리, 특정 자음(i, e, s, t, p, c 등) 등이다.

이런 사람은 가족이나 친구와 식사하기가 어렵고, 식사 시에 격분하고, 충동적이기도 하다. 그러나 자신의 먹는 소리에는 문제가 없으므로 혼자 식사하려고 한다. 이런 사람들 대부분은 저음의 특정 소리에 대한 인내 곤란 외에는 매우 정상적인 생활을 한다. 소리 혐오증의 원인은 큰소리 노출, 뇌 손상, 청신경계 손상 등으로 알려져 있다.

:: **소리 공포증**(Phonophobia)

소리 공포증은 소리에 대한 부정적인 정서적 반응이다. 소리에 대한 인내력이 상당히 붕괴된 사람에게서 흔히 나타나는 현상이다. 현재 환경의 소리에 공포뿐만 아니라 앞으로 당면할 소리에 관해서도 공포를 가진다. 소리 공포증이 있는 사람은 조용한 곳에서 고립되어 살고 싶어한다. 이런 경우, 소리 인내력을 재구성하도록 할 필요성이 있다.

:: **좌우 비대칭 청각**(Asymmetrical Hearing between Ears)

좌, 우측 귀 청각(청력 역치)의 심한 차이로 양쪽 귀의 청력도가 심하게 다른 경우인데, 이런 청각을 가진 사람은 청지각 문제를 동반하고, 균형 감각이 부족하여 잘 넘어지는 현상이 나타날 수 있다. 이런 청각의 경우, 베라르AIT 적용 시 특히 주의하여 수준을 조정할 필요가 있다.

2-5
청각 왜곡의 치료

✍ 시력이 나쁘면 안경을 착용하면 해결되고, 단순한 청력의 문제는 보청기를 착용하면 해결된다. 그러나 청각 왜곡으로 인한 청지각 문제의 해결책은 거의 없는 현실이다. 제도권 병원에서는 청력의 문제에만 관심이 있고, 청지각 문제에 관하여는 이해도, 대책도 없어 보인다.

청각 검사에서 학습 장애, ADHD, 경계선 지능, 지적 장애, 자폐성 아동의 절대다수가 청각 문제(청각 과민, 둔감, 좌우 불균형, 난청 등)를 가지고 있는 것이 발견된다.

베라르AIT는 1950년대에 프랑스의 이비인후과 의사, 베라르 박사에 의하여 개발된 후에, 왜곡된 청각을 정상화하고, 두뇌 활성화/ 신경계 재구조화를 통하여 언어, 인지, 학습에 기여하고 있다.

베라르AIT 원리, 효과, 방식에 관련된 자세한 사항은 제3부를 참조하면 된다.

2-6
청각 왜곡의 원인

✎ 청각 왜곡은 대부분 달팽이관의 이상 때문에 일어나게 된다. 달팽이관의 이상은 청각 과민, 주파수 간의 청력 역치의 차이, 좌우 청각의 불균형, 피치 변별 문제, 난청 등 많은 문제와 관련된다. 청각 왜곡의 원인은 다음과 같다.

:: 큰 소리에 노출

큰 소리에 노출되면 청각 세포가 타격을 받아서 정상 청각의 유형이 깨어지고, 주파수 간에 청력 역치의 편차가 커지거나, 손상을 받아서 청각 왜곡으로 인한 청지각 문제를 유발하게 된다.

큰 소리는 청각에 매우 위험하다. 100dB 소리에 2시간 이상 노출 시, 110dB 소리에 30분 이상 노출 시, 청신경이 손상될 수 있다. 소리 크기별 노출 허용 시간은 제1부의 표 1-4(소음 노출 허용 기준)를 참조하면 된다.

직업성 소음에 장기 노출된 후에, 음악회나 뮤지컬에 참석 후에, 말소리 분별이 어렵고 청각 과민증이 발생하여 나를 찾았던 직장인, 청소년, 대학생들이 있다. 이들은 모두 큰 소리에 노출로 청각에 손상을 입은 경우이다.

:: 헤드폰, 이어폰 착용

헤드폰이나 이어폰으로 소리를 듣게 되면, 공기를 통한 완충 과정을 거치지 못하고 소리가 청각으로 투입되기 때문에 소리 에너지가 강하게 직접적으로 청각에 물리적인 타격을 가하게 된다. 이런 경우 청각 세포가 손상을 받게 되어 청각 왜곡이 일어나고 난청까지 유발할 수 있다. 특히, 장기적인 헤드폰이나 이어폰 사용은 극히 위험하다.

:: 약물 부작용

청각에 해로운 이독성 약물(ototoxic medication)은 청각 기제를 손상하는 부작용을 유발하게 된다. 이독성 성분이 혈관 속에 흡수되어 청각 기제에 영향을 주게 되는데, 이독성 약물의 부작용으로는 청각 과민, 이명, 청각의 생화학적 변형 등 다양하다.

이러한 이독성 약물은 항생제, 귀 감염 치료제, 피부 약물(연고 등), 안약(안연고, 안물약) 등에 널리 포함되어 있다. 일부 약물은 이명을, 일부 약물은 청각 과민증을 유발할 수 있다. 항경련약물의 부작용도 청각 문제(hyperacusis)를 유발할 수 있다.

생화학적 불균형을 유발하는 약물은 청각 과민증을 유발할 수 있다. 일부 청각 과민 증상은 약물(일부 ADHD 약물, 인공 감미료, 일부 비타민 등)로 인한 생화학적 불균형 때문이다.

약물(ADHD 약물 등)을 복용한 후에, 청각이 예민해진 아동들을 만난 적이 있다. 청각 과민증은 대부분이 베라르AIT 후에 해소된다. 그러나 드물지만 약물을 장기적으로 복용한 아동 중에는 베라르AIT 후에도 청각이 완전한 정상으로 돌아오지 못하는 경우도 있는데, 이미 약물로 인하여 청각이 생화학적으로 변형되고 있거나 변형되어 버렸기 때문이다.

이독성 약물은 이명, 청각 과민증 외의 다른 부작용도 유발할 수 있으므로, 약물처방 시 약물 성분에 관하여 담당 의사와 상의하는 것이 좋다.

:: 노화 및 기타 원인

노화로 인하여 나타나는 노인성 난청, 신경계의 손상이나 변이, 선천적 원인, 기타 밝혀지지 않는 원인들로도 청각 왜곡이 발생할 수 있다.

청각 왜곡과 언어 발달 관계

1) 청각 이상은 언어 문제의 주범

청각과 언어 발달은 필연적 관계가 있다. 청력 문제, 청각 왜곡을 포함한 모든 청각 이상은 언어 발달 문제의 주범이다. 청각 이상을 바로잡는 것이 우선이고 베라르AIT의 목적이다.

'언어'와 '말'은 흔히 혼용되기도 하지만, 일반적으로 의사 표현의 내용 구성 및 계획까지의 언어 산출 단계의 문제는 언어 장애이고, 그 이후의 말소리 산출 단계의 문제는 말의 장애이다. 언어 장애와 말 장애는 필연적인 밀착된 관계이므로 본 서에서는 구분 없이 사용한다.

2) 언어 발달의 필수 단계와 원리

언어 발달에는 필수 단계와 원리가 있다. 표현 언어, 수용 언어, 주고받기 대화에는 모두 필수적인 선행 단계와 원리가 있다. 이 선행 단계에 개입될 수 있는 방식이 베라르AIT이다.

베라르AIT의 핵심 원리는 청각 정상화와 더불어 신경계를 통합하고 두뇌 활성화를 통하여, 언어 발달의 선행 단계들에 개입하여서 언어 발달을 촉진하는 것이다. 언어 치료를 비롯한 다른 치료들이 외부에서 가르치는 것이라면, 베라르AIT는 신경계 자체를 재구조화하고 바로잡는 방식이다. 물론 외부에서도 가르쳐야 한다. 그러나 내부 신경계를 바로잡는 것이 우선이다. 베라르AIT의 세부 원리는 제3부에서 다루어진다.

(1) 표현 언어의 필수 요소

말은 하고 싶다고 저절로 나오는 것이 아니다. 말을 하기 위해서는 감각 통합, 운동 협응, 인지 발달, 호흡, 발성 등 여러 신체 기관의 준비와 협응 과정이 필요하다. 이 요인 중에서 어느 한 부분이라도 문제가 있으면 언어 발달이 곤란하게 된다.

신생아를 대상으로 아무리 열심히 가르쳐도 말을 할 수 없는 것과 같다. 무발화 유·아동의 경우에도 발화 이전의 준비 단계가 어느 수준에 도달했느냐에 따라서 발화 시기가 달라지는 것이다.

말하기의 선수 조건이 갖추어진 경우, 말의 산출 과정:
> → ① 말하고자 하는 욕구/ 동기/ 의도, 목적과 내용이 있어야 한다(부모가 알아서 모든 것을 해결해준다면 말을 할 이유와 필요성이 없어지게 된다).
> → ② 뇌에서 말의 산출 명령을 내려야 한다.

→ ③ 이 정보가 좌뇌의 브로카 영역으로 전달되어야 한다.

→ ④ 호흡-발성-공명-조음 관련 근육이 작동하여 말의 산출이 가능하다.

이 과정 중, 어느 한 단계에 역기능이나 문제가 발생하여도 정상적인 말의 표현이 어려워지게 된다.

말의 산출 세부 과정:

요구사항 등 말하려는 욕구의 발생, 또는 생각, 판단→하고 싶은 말 결정→브로카 영역(Broca's area)에서 인접한 일차 운동 중추(primary motor area)에 보내지고, 발성에 필요한 혀, 목, 성대의 근육에 신경을 보내는 신경세포들이 활성화→근육들이 움직이면서 말소리가 생성

호흡과 발성의 협응:

:: **호흡의 중요성**

발화를 위해서는 호흡이 중요하다. 말의 산출에 필요한 에너지는 숨을 내쉴 때의 공기의 흐름과 압력에 의하여 생성된다. 허파 내의 공기압이 대기압보다 높아야 허파로부터 공기가 밖으로 나올 수 있게 된다.

평상시의 호흡은 들이쉬는 단계와 내쉬는 단계의 시간이 모두 평균 2.5초 정도로 균등하지만, 발성 시의 호흡은 평균 2~3초 정도로 조금 힘들여 들이쉰 후에, 내쉬는 단계에서는 15초 정도 서서히 내쉬면서 말을 하게 되는 것이다.

이러한 내쉬는 단계에서 장시간 내시면서 공기압력을 유지시키기 위해서는 여러 근육의 협응이 필요하다. 여러 근육들이 협응을 하려면 특수한 신경 통합이 되어야 한다. 이러한 신경계를 통합하고 재구조화하는 역할은 베라르AIT를 통하여 도움을 받을 수 있다.

:: 발성의 경로

허파로부터 나온 공기는 기관지-기도-후두-인두-구강 및 비강을 통해 신체 밖으로 나오게 된다. 기도의 특정 부위인 성대의 개폐 운동에 의하여 공기의 진동이 일어나서 음성이 생성된다.

성대의 진동은 성인 남자는 1초에 약 100~150회를, 성인 여자는 약 200~300회를, 유·아동은 약 300~450회를 진동한다. 성인 남자보다는 성인 여자가, 성인 여자보다는 유·아동이 더 고주파수 음성을 산출한다.

음성의 높낮이(pitch)는 성대의 두께, 긴장도, 길이 등과 관련되고, 음성의 크기는 성문하 공기압력과 주로 관계된다. 음성 조절을 잘하기 위해서는 호흡과 발성의 적절한 협응이 필요하다.

(2) 수용 언어의 필수 요소

귀를 통해 들어온 말소리는 청각중추인 측두엽(temporal lobe)의 일차 청각 영역(primary auditory area)으로, 다시 베르니케 영역(Wernicke's area)으로 가서 의미를 이해하게 된다.

언어를 이해하려면

- 외이, 중이, 내이, 청신경까지의 소리 전달 기제에 문제가 없어야 한다.
- 달팽이관의 유모 세포들이 정상 작동하여 들어온 소리를 분류, 기호화, 전기 신호로 변환하여야 한다.
- 전기 신호가 청신경을 통하여 뇌에 전달되어, 소리로 전환되어야 한다.
- 이 소리를 듣고 해독할 수 있는 인지기능을 갖추고 있어야 한다.

이 과정의 어느 한 부분이라도 이상이 발생하면 언어 이해가 곤란하다.

달팽이관에는 영역마다 처리하는 담당주파수가 다르다. 베라르 AIT는 다양한 주파수를 투사하므로 달팽이관의 전체 유모 세포를 활성화하여 역기능을 개선할 수 있게 된다. 달팽이관의 기능이 정상화되면 수용 언어 문제도 개선될 수 있다. 지나치게 과민하거나 둔감한 청각, 주파수 간 불균형적인 청각 등은 달팽이관의 유모 세포의 역기능과 관련된다.

(3) 상호 대화의 필수 요소

상호 대화를 위해서는 먼저 상대의 말을 알아듣고, 적절한 반응을 하여야 한다. 상대의 말을 이해하기 위해서는 귀를 통해 들어온 소리가 청각중추를 통하여 좌뇌의 베르니케 영역(Wernicke's area)에 도달하여야 한다.

또한, 들은 말의 이해를 바탕으로 하고 싶은 말을 결정하고, 좌뇌의 브로카 영역의 운동 중추가 발성에 필요한 근육들을 활성화시켜서 말로 표현된다.

대화는 말을 이해하고 표현하는 위 두 가지 과정이 지속될 때 가능하다. 브로카 영역과 베르니케 영역의 기능이 원활히 작동해야 한다. 뇌의 기능은 분화되어서 다른 영역들과 연계하여 정보 교환을 해야 하기 때문이다.

주고받기 대화의 필수 요소는 청각을 통해 들어온 소리를 정확히 듣고, 이해하고, 생각하고, 판단하고, 하고 싶은 말을 결정하고, 뇌에서 말의 산출명령을 내려야 하고, 이를 브로카 영역(Broca's area)에 인접한 일차 운동 중추(primary Motor Area)에 보내고, 발성에 필요한 혀, 목, 성대의 근육들에 신경을 보내는 신경세포들이 활성화하여 근육들이 움직이면서 말로 표현하게 된다.

이 복잡한 과정에서 어느 한 단계라도 문제가 있다면 원활한 대화는 불가능하다. 주고받기 대화(듣고, 이해하고, 말하기)는 순간에 저절로 되는 것이 아니라, 다양한 신경세포들이 협응하여 이루어진 결과이다.

(4) 좌뇌의 언어 영역

두뇌의 언어 영역은 모두 좌뇌에 위치해 있다. 좌뇌의 언어 영역 (브로카 영역, 베르니케 영역)은 시각, 청각, 체감각 등 다른 영역들과 도 인접해 있다. 신경계는 다른 신경들과 연계되어 있기 때문에, 신경계의 통합과 활성화가 언어 발달에 필수 요인이다.

브로카 영역과 베르니케 영역:

의사소통에 필요한 뇌의 중추신경계에서 가장 중요한 2가지 핵 심 부위는 좌반구의 대뇌피질에 있는 브로카 영역(Broca's area: 언 어의 운동 중추), 베르니케 영역(Wernike's area: 감각중추)이다.

브로카 영역은 표현 언어에 해당하는 언어 구성 및 언어 산출 을 담당하므로, 브로카 영역이 손상되면 언어 표현에 문제가 발생 하게 된다.

베르니케 영역은 언어의 수용과 이해를 담당하여, 청각 피질과 시각 피질에서 받은 언어 정보를 해석한다. 베르니케 영역이 손상 되면 말이나 단어를 이해하기 곤란하다.

상대의 말, 글 등의 언어 정보는 청각 피질과 시각 피질을 통해 베르니케 영역으로 가서 의미를 해석하고, 반응 내용을 구성하 고, 브로카 영역으로 보내고, 운동 피질을 통해 말을 하게 되는 것이다.

일반인(정상 청각인)들은 소음을 들을 때는 일차 청각 영역(소리를 느끼는 첫 영역)이 활성화 상태로 있다가, 단어, 말소리가 들리면 베르니케 영역이 활성화되어 의미를 해석한다. 글자를 읽을 때도 베르니케 영역이 활성화된다.

(5) 언어 발달에 대한 베라르AIT의 역할

베라르AIT는 청각의 정상화, 청신경의 활성화를 통하여 인접한 신경계의 통합과 재구조화, 두뇌 활성화를 유발하여 언어 발달을 촉진하는 역할을 하게 된다. 베라르AIT의 세부 원리는 제3부에서 다루어진다.

베라르AIT를 하는 중이나, 치료 이후에 흔히 언어 발달이 증가되는 현상을 보게 되는데, 이유는 베라르AIT는 청각 정상화를 통하여 청각 왜곡, 청지각 문제를 바로잡을 뿐만 아니라, 두뇌 활성화, 신경계의 협응과 재구조화를 통하여 언어 발달을 촉진하기 때문이다.

3) 음소별 청력도상의 위치

앞서 「언어 발달의 필수 단계와 원리」에서 진술한 바와 같이, 언어 발달은 다양한 필수 요인들이 함께 작용하여 가능한 것이다. 이들 요인 중에서 가장 중요한 요인 중의 하나는 '청각'이다. 소리를 전혀 듣지 못하거나, 정상적으로 들리지 않는 상태에서 말을 통한 의사소통은 불가능하다.

청각이 주파수(Hz)와 소리 크기(dB) 측면에서 해당 음소를 적절히 들을 수 없는 범위에 속하면, 언어 및 학습에 문제가 발생할 수 있다.

(1) 음소별 청력도상의 위치(Hz, dB)

각각의 알파벳 문자와 음소(자음, 모음)는 각각 청력도상의 정해진 위치(Hz, dB)가 있다. 각 음소가 차지하는 정확한 주파수 지대에 관해서는 각 언어에 따라서도, 학자 간에도 약간의 의견 차이가 있으나 대부분의 자음(b, d, m, n 등)은 500Hz 이하에 위치하고, 대부분의 모음(a, i, o)은 500Hz~1,500Hz 사이에 위치하고, 격음(k, t, p 등)과 복합자음(ch, sh, th 등)은 1,500Hz~ 8,000Hz에 위치하고 있다(그림 2-13. 2-14. 참조).

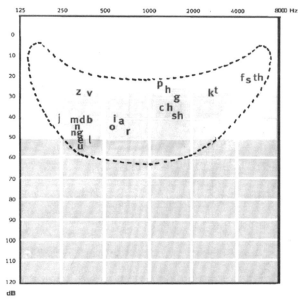

그림 2-13. 영어 음소별 청력도상의 위치

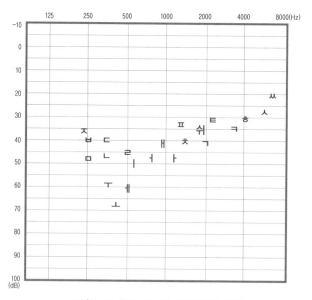

그림 2-14. 한글 음소별 청력도상의 위치

(2) 음소의 주파수별 가청역치(Hz, dB)

위의 그림 2-13과 그림 2-14는 각각 영어와 한글의 자모음의 음소별 위치를 나타내고 있다. 음소별로 위치한 해당 주파수에서 개인의 청각 역치가 해당 음소를 들을 수 없는 위치로 하락한다면, 해당 음소를 들을 수가 없게 된다.

또한, 청각 역치상 해당 음소를 들을 수 있는 경우에도, 청각 역치가 주파수 간에 고르지 않고 기복이 심하다면, 청각 왜곡으로 인하여 청지각 문제가 발생하여 언어 발달에 불리한 영향을 받게 된다.

청각 왜곡으로 인하여 소리가 실제보다 크거나 작게, 또는 실제와 다른 소리로 들리게 된다면, 소리 변별이 어렵게 되어 청지각 문제가 발생한다. 특히 시끄러운 장소나 사람이 많은 환경에서는 더욱 혼란이 오게 된다.

소리가 있는 그대로 왜곡 없이 분명하게 들려야, 지시 수행이 가능하고, 소리 모방과 발음도 정확하게 배울 수 있고, 상대의 말을 이해하고 반응하면서, 주고받기식의 대화가 가능하다.

청각 형태에 따라 모음은 잘 지각하나 자음은 약하게, 자음은 잘 지각하나 모음은 약하게 듣는 아동이 있다. 이러한 아동들은 모음에 의해 자음이 가려지거나, 또는 자음에 의해 모음이 가려져서 정확한 음을 듣지 못한다.

소리 지각에 이상이 있으면 소리 모방, 발음 문제, 철자 오류, 언어 발달의 문제를 연쇄적으로 나타내게 된다.

베라르AIT는 청각 정상화를 통하여, 기복이 심한 청각과 문제의 청각 역치를 해소하여, 언어 발달 촉진에 기여할 수 있다.

4) 달팽이관의 주파수별 음소 처리 위치

(1) 달팽이관의 이해

청각이 언어 발달에 중요한 역할을 하지만, 청각의 기능 중에서도 달팽이관의 기능은 특별하다. 달팽이관의 유모 세포가 손상되어 기능이 약화되거나 기능을 잃어버리면, 소리를 들어도 말이나 음악이 있는 그대로의 소리로 인식되지 않고, 음조나 리듬이 없거나, 또는 기계음(찍~ 찍~ 등)처럼 들리게 되거나, 또는 소리 자체가 거의 들리지 않을 수도 있다.

또한, 달팽이관의 유모 세포가 정상 작동을 못 하는 경우, 그 역기능으로 인하여 특정 소리는 너무 크게 확대되어 들거나, 특정 소리는 너무 약하게 듣기도 한다.

달팽이관의 청각 세포가 손상되거나, 비정상적 상태, 기능이 약화된 상태로 전환되면 청지각 문제를 유발하여, 언어 발달에 불리한 영향을 줄 수 있다.

(2) 달팽이관의 중요 기능

달팽이관의 중요한 기능은 외부에서 들어온 소리를 주파수별로 분류, 처리, 기호화하여 청신경을 통하여 뇌로 전달하는 것이다. 이렇게 전달받은 신호들은 뇌에서 소리로 전환되어 소리를 이해하게 된다.

달팽이관의 유모 세포는 부위마다 처리하는 담당 주파수가 배정되어 있다. 고주파수, 중간주파수, 저주파수 소리가 달팽이관의 각 담당 영역에서 처리된다. 이렇게 달팽이관에서 선별되고 처리된 주파수 정보는 뇌의 청각 피질에서도 각각 분화된 주파수 영역에 전달된다.

달팽이관에는 총 15,000개 정도의 유모 세포가 있다. 이 유모 세포들이 서로 협력하여 작은 소리부터 큰 소리까지 모든 소리를 들을 수 있게 된다. 달팽이관의 유모 세포의 상태에 따라 청각의 정상 여부와 정도가 결정될 수 있다. 유모 세포가 손상되었거나, 유모 세포의 수가 적거나, 역기능이 발생되면, 청각 왜곡, 난청 등의 청각 문제가 발생되어 언어 발달에 불리한 영향을 주게 된다.

달팽이관의 유모 세포는 약물 부작용, 큰소리 노출, 기타 원인에 의하여 손상될 수 있는데, 전체 유모 세포가 완전히 손상되어

버린 경우에는 어떤 소리도 듣지 못하는 농이 될 수 있고, 유모 세포가 부분적으로 손상된 경우 손상된 부위가 담당하는 해당 주파수의 소리만 듣지 못하게 된다.

(3) 달팽이관의 주파수별 음소 처리 위치

달팽이관의 청각 세포는 각각 맡아서 처리하는 소리의 담당 주파수가 다르기 때문에, 외부에서 달팽이관에 도달한 소리는 주파수별로 세밀히 분류되어, 청신경을 통하여 각 주파수를 처리하는 뇌의 청각 세포의 위치로 보내진다. 주파수가 낮을수록(low frequency sound) 달팽이관의 안쪽(위쪽)에서 처리되고, 주파수가 높을수록(high frequency sound) 달팽이관의 입구(아래쪽, 난원창 가까이)에서 처리된다.

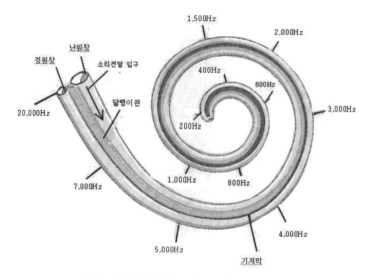

그림 2-15. 달팽이관의 주파수별 음소 처리 위치

:: 베라르AIT의 역할

베라르AIT는 완전히 손상되어 기능이 죽어버린 청각 세포는 되살릴 수 없지만, 손상이 진행 중이거나 기능이 약화된 상태로 있는 청각 세포는 호전시킬 수 있다(제4부 임상 사례 참조).

5) 청각 왜곡은 언어 문제를 유발한다

말을 하려면 적절한 지적, 인지적 능력, 청각, 조음기관, 호흡, 관련 신경 근육의 조화와 통합이 필요하다. 아동의 대부분은 적절한 시기가 되면, 말을 시작하여 어려움 없이 언어 발달이 이루어진다.

말할 시기가 지났고, 청각장애도 아니고, 조음기관 등의 신체 기제적인 문제가 없는데도, 말을 잘 이해하지 못하고, 말하기에 어려움이 있는 아동의 상당수는 청각 왜곡과 관련이 있다.

청각 왜곡이 있으면 말을 잘 알아듣지 못하거나 이해 속도가 느리고, 지시 따르기의 어려움, 말에 대한 오해와 혼란이 일어난다. 이런 경우, 필연적으로 표현 언어, 사회성의 문제도 동반되면서 학교 공부, 단체 생활에 적응이 어렵게 된다.

청각 왜곡이 개선되어야 청지각 문제가 해결되고 언어 발달도 가능한 것이다.

(청각 왜곡 개선→청지각 개선→언어 발달)

6) 분명히 소리를 듣는데, 왜 대답을 못 할까?

청각 왜곡 때문이다. 단순히 소리를 듣는 것(hearing)은 뇌로 보내지는 무의식적인 소리의 전달일 뿐이지만, 의식적인 소리 듣기(listening)는 소리에 적극적으로 집중하고 조율하는 것이다.

청각 정보처리는 적극적으로 청각 자극을 해석하고 이해하는 과정이다. 귀를 통해 들어온 소리와 말은 뇌 속에서 알아차리고 분류하고 해석하는 과정이 있어야 이해할 수 있게 된다.

소리와 말이 왜곡되어 들린다면 정보를 처리하기도, 이해하기도 어렵게 된다. 소리 자체를 들을 수는 있으나 소리의 의미를 이해하기는 곤란하다. 의미를 이해하지 못하고는 적절한 대답을 할 수 없고, 동문서답, 되묻기를 되풀이할 수밖에 없다.

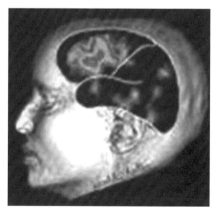

그림 2-16. 소리 이해 관련 귀와 뇌

7) 청각 왜곡의 결과는?

① 소리/ 말이 실제와 다르게 들린다

- 소리가 실제보다 크게, 작게
- 소리가 실제보다 약하게, 희미하게
- 소리의 순서가 전환되어
- 소리의 앞뒤 음소가 혼합되어
- 소리의 음색이 변질되어 들린다.

② 말소리와 주변 소음의 변별이 곤란하다

주변 소음으로부터 말소리 구별이 곤란하다. 교실, 식당 등 특히 사람이 많은 장소, 여러 사람이 동시에 말하는 장소, 소음이 많은 환경에서는 훨씬 더 곤란하다.

③ 언어 발달을 저해한다

청각 왜곡은 말의 이해, 표현 모두에 불리한 영향을 미친다. 말의 앞뒤 소리가 전환되어, 혼합되어 들린다면, 일부 소리가 차단되어, 변질되어 들린다면, 정상적으로 말을 배울 수가 없다. 언어 이해 문제, 언어 표현 문제, 발음 문제, 학습 문제를 동반하게 된다.

청각 왜곡이 있어도 조용한 공간에서 1:1로 천천히, 크게, 또박 또박 말해주면, 어느 정도 이해 가능하지만 대부분의 상황에서는 혼란이 오게 된다.

　베라르AIT 핵심은 이런 형태의 청각 왜곡을 개선하는 것이다. 말소리와 섞여있는 배경 소음을 걸러내서 말소리를 쉽게 구별하도록 한다.

　베라르AIT가 해결하는 청각 왜곡의 실제 유형은 제3부 핵심 기능 부분(청각 왜곡의 정상화)을 참조하면 될 것이다.

8) 청각 왜곡 관련 문제

① 과민한 청각: 특정 주파수의 소리를 상대적으로 크게 듣게 되면서, 인접 주파수의 소리를 듣는 데 방해를 받게 된다.

② 큰 소리에 노출: 100dB 소리는 듣기 고통스러운 수준이고, 150dB의 소리는 고막파열 수준이다(제1부, 표 1-3. 환경음의 소리 크기 수준 참조).

③ 헤드폰, 이어폰 착용: 헤드폰이나 이어폰 착용 시, 소리가 직접 청각에 타격을 주어 청각 이상을 유발할 수 있다.

④ 피치 변별(Selectivity) 문제: 소리의 높낮이의 차이를 구별하지 못하여 사람의 목소리, 정서적인 톤을 이해하기 곤란하고, 음치와도 관련이 있다.

⑤ 편측성(Laterality) 문제: 소리 순서가 전환되거나, 소리가 혼합되어 들릴 수 있다(편측성 문제에 관한 자세한 사항은 제3부 참조).

⑥ 중이염: 중이염을 자주 앓은 경우, 특히 만성 중이염의 경우

상당수가 청각 이상이 발생할 수 있다.

⑦ 양쪽 귀 협응 부족: 양쪽 귀가 소리를 다르게 듣게 되어, 소리 방향 인식의 혼란 등 잘못된 이해를 유발할 수 있다.

⑧ 청각 정보처리 지체: 청각 신호를 느리게 처리하면서, 말의 일부를 놓치고, 단편적인 소리 조각으로만 듣게 된다.

⑨ 약물 등 기타: 일부 약물의 부작용으로 청각 과민, 이명 등의 청각 이상이 일어날 수 있다.

제3부

베라르 AIT

"베라르AIT로 한 단계 전진을(Step Ahead with Berard AIT)!" 2016년 대구대에서 열린 베라르AIT 국제 컨퍼런스 타이틀의 일부이다. 이 한 마디가 베라르AIT의 특징을 잘 대표하고 있다.

정상 청각이라면 주변의 많은 소리들 가운데서도 필요한 소리를 선별해서 듣고 정확히 해석할 수 있다. 음악 소리가 나고, 개가 짖고, 온갖 교통 소음 가운데서도 대화할 수 있고, 중요 정보에만 집중할 수 있다.

그런데 소리가 혼합되어 들리고, 앞뒤 순서가 전환되어 들린다면, 어떤 소리는 안 들리거나, 실제보다 작거나 크게 들린다면, 듣고 말하고 행동하고 학습하는 데 어떤 영향을 주게 될까? 이러한 청각 왜곡의 문제를 해결하는 것이 베라르AIT의 목적이다.

베라르AIT는 다른 치료들과는 근본적인 접근 방법이 다르다. 다른 치료들은 밖에서부터 뭔가를 가르쳐서 변화를 시도하는 것이라면, 베라르AIT는 신체 기제 내부의 문제를 바로잡는 데 초점이 있다.
내부의 원인이 바로잡혀야 증상이 사라진다.

본 파트에서는 베라르AIT의 원리, 기능, 방식 등을 소개한다.

3-1
베라르AIT란

✎ 베라르AIT란 베라르 청각통합훈련 (Berard Auditory Integration Training: 베라르AIT)의 약칭이다. 국내에서는 "베라르AIT", "AIT", "베라르 치료" 등으로 불리고 있다.

베라르AIT는 1950년대에 프랑스의 이비인후과 의사 Berard 박사가 개발하였다. 그는 일반외과 의사였지만, 자신의 이명을 치료하기 위해서 다시 이비인후과 의사가 된 후에, 베라르AIT를 개발하여 자신의 청각을 치료하고, 학습 장애, ADHD, 자폐 스펙트럼 장애를 가진 아동의 청각, 언어, 인지, 학습의 개선에 획기적 기여를 하였다.

베라르AIT가 세계적으로 알려지게 된 계기는 치료 후 자폐증이 완치된 George라는 미국의 자폐성 소녀 때문이다. George의 어머니 Stehli(1991)는 『기적의 소리: 자폐증 극복(the Sound of Miracle: A Child's Triump over Autism)』라는 책도 출간하였다.

현재, 전 세계에는 수백 명의 베라르AIT 전문가들이 활동하고 있다. 자격을 갖춘 각 나라의 모든 치료사는 베라르AIT 웹사이트 (http://berardaitwebsite.com/find-a-practitioner/)에서 확인할 수 있고, 치료사 교육을 담당하는 자격교육/ 수련감독자들도 웹사이트 (http://berardaitwebsite.com/find-an-instructor/)에서 확인할 수 있다.

베라르AIT 동영상 자료들:

베라르AIT를 소개하는 자료들 중에는 국제베라르AIT학회, 공식위원회에서 제작한 공식 동영상과 미국 방송계에서 제작한 동영상이 있다.

1) 공식 동영상

국제베라르AIT학회, 공식위원회에서는 베라르AIT의 완전한 효과를 위하여, 진정한 베라르AIT를 보존하기 위하여, 이종, 변종 치료에서 이용자를 보호하기 위하여, 공식위원회에서 검증하고 공인한 내용으로 공식 동영상을 제작하여, 유튜브 채널을 통하여 여러 나라의 말로 해설하여 게시하고 있다.

한국어 해설은 국제베라르AIT학회의 요청으로 한국베라르AIT 연구소(권명옥 박사)에 의하여 지원되었다.

(1) 공식 동영상 1

베라르AIT는 어떠한 치료인가? (How is AIT done?)

주요 내용: 베라르AIT의 원리(필터 원리 외), 공인 장치, 치료방식, 귀 건강 등

(2) 공식 동영상 2

베라르AIT는 어떤 효과가, 언제 효과가 나타나는가?
(BERARD AIT- What Changes Typically Occur and When do these occur?)

주요 내용: 베라르AIT의 효과 영역(언어, 학업기능, 균형 감각/ 협응 능력, 자기 확신/ 자기 통제, 정서 안정 외)

베라르AIT의 효과 발생 시기: 극적으로, 점진적으로, 치료 중에도, 치료 후에도 지속

(3) 공식 동영상 3

베라르AIT는 청각 정보처리/ 청지각 개선에 어떻게 영향을 주는가?
(BERARD AIT and AUDITORY PROCESSING)

주요 내용: 청지각 개선 원리/ 과정: 청각 왜곡, 청각 과민, 청각 정보처리 지체, 청각 불균형 등으로 인한, 청지각의 혼란을 베라르AIT가 개선하는 원리와 과정 등

(4) 공식동영상 4

베라르AIT와 시지각 개선과의 관계는 어떠한가?
(What is the Connection between Berard AIT and Visual Processing?)

주요 내용: 청각 기제와 시각 기제와의 관계, 청각 자극이 청각 기제와 시각 기제 모두에 유익한 이유, 모든 감각은 함께 협력하여 주변 세계를 이해하는 데 도움이 되는 정보망을 형성, 소뇌-전정기제 이론(시각 기제와 청각 기제 간의 연계성), 베라르AIT 후에 시지각 기능의 개선이 일어나는 이유, 시각 정보처리, 난독증(읽기 장애, 학습 장애) 등

공식동영상 1, 2, 3, 4는 한국베라르AIT연구소 홈페이지 (http://www.kait.pe.kr/)와 블로그(https://blog.naver.com/sori3291) 에서 시청 가능하고, 베라르AIT 공식 유튜브 채널(The Official BERARD AIT Channel-YouTube: https://www.youtube.com/channel/ UCQLpgptd4zwm0gmvk-jZO2Q)에서도 시청 가능

2) 미국방송 동영상

주요 내용: 베라르AIT의 기원/ 원리/ 필터 원리(문제의 특정 주파수 제거)/ 음악변조 원리, 치료 방식/ 치료 효과(조지 외)

- 베라르AIT의 창시자 베라르 박사 출연
- 미국자폐연구기관의 림랜드 박사 출연
- 자폐증이 완치된 조지 출연

동영상 내용은 한국베라르AIT연구소 홈페이지와 블로그에서 시청 가능

3-2
치료 원리

1) 기본 원리

베라르AIT는 청각을 정상화시켜서 청각 왜곡으로 인한 청지각 문제를 해결하고, 두뇌 활성화와 신경계 재조직화를 통하여 언어 발달과 전반적 발달을 촉진하기 위하여 독특한 원리가 적용되고 있다.

(1) 음악의 신기성, 독특성, 반복성

두뇌 활성화와 신경계의 재조직화를 위하여 가장 필수적이고 중요한 자극이 음악 자극이다.

음악 자극이 장치를 통하여 새롭고, 독특하고, 강렬하게 반복적으로 분사된다.

(2) 음악의 고주파수, 저주파, 큰소리, 작은 소리의 무작위 빠른 변환

고주파수, 저주파, 큰 소리, 작은 소리, 최고음역과 최저음역 사이를 오르내리는 음악 자극이 빠르고 무작위로 변환되어 분사된다.

이렇게 청각이 예측할 수 없는 방식으로 음악 자극을 분사하여 효율성을 극대화한다.

(3) 음악의 증폭, 변조, 필터

특수 장치로 음악 자극을 증폭, 변조하여 특수한 헤드폰을 통하여 청각으로 분사한다. 필요 시 개인의 청각 상태에 따른 문제의 특정 주파수는 필터하여 청각에 타격을 주지 않고도 청각을 정상화하는 방식을 적용한다.

(4) 청각 세포/ 두뇌 활성화, 신경계 재조직화

위와 같은 음악 제시 방식으로 청각 세포 전체를 활성화하고, 소뇌 전정기제, 인접한 신경계의 재조직화에 기여한다. 과민/ 과소 기능의 청각 세포가 균등하게 정상화되고, 뉴런들 사이에 새로운 연계망이 형성되면서 감각 통합과 두뇌 활성화가 가능하게 된다.

3가지 요인: 음악, 변조, 필터

- 검증된 음악: 빠른 템포, 소리 크기, 주파수의 다양성이 검증된 음악
- 변조 원리: 폭넓은 범주에서 음악의 증폭, 변조
- 필터 원리: 좁은 범주에서 문제의 특정 주파수만 제거하는 변조(핵심 원리 부분 참조)

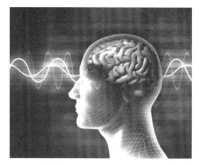 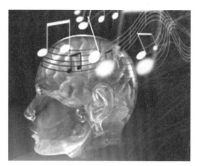

http://projectinnerpeace.org   http://audiologyassociates-sr.com

그림 3-1. 두뇌에 대한 음악의 영향

2) 핵심 원리: 필터치료의 원리

필터치료란 지나치게 크게, 예리하게, 고통스럽게 듣고 있는 청각을 치료하기 위하여 장치상에 특정 필터 세팅을 설정하는 개인 맞춤형 치료이다. 필터치료는 청각 왜곡을 개선하고, 치료 효과를 증대하기 위하여 베라르 박사에 의하여 임상적으로 입증된 과학적 원리이다.

필터치료 원리는 베라르 박사가 가장 비중을 둔 원리이다. 베라르AIT의 창시자인 프랑스의 베라르 박사가 20년 이상에 걸쳐, 8,000 사례 이상의 연구와 검증을 통해 완성한 핵심 원리가 필터치료이다.

필터치료의 목적은 문제의 특정 주파수만 제거하여 청각에 타격을 주지 않고 청각을 정상화하는 것이다. 문제의 주파수만 제거하기 때문에, 경쾌하고 빠른 템포의 고유한 음악 특성은 유지하면서 치료의 효과를 극대화하는 방식이다.

베라르 박사는 치료 중에 회차별로 청각 검사를 실시하면서, 단계별 검증을 실시하였다. 필터가 필요치 않은 주파수, 반드시 끝까지 동일한 필터 조건을 유지해야 하는 주파수, 주파수별 적용 조건과 기준을 마련하였다.
이것이
① 필터 적용 프로토콜(Filtering Protocol)과, ② 필터 선정의 단계별 가이드 라인(Step by Step Guide for Selecting Filters)이다. 세부 내용은 생략한다.

베라르 박사는 20년 이상에 걸쳐, 8,000 사례 이상의 임상 검증을 실시한 후에 이 기준을 마련하였고, 베라르AIT 치료사 양성 시에 교육과정에서 비중 있게 다루도록 하였다.
필터치료 원리는 베라르 박사의 저서, 연구자료, 베라르AIT 공식동영상, 베라르AIT 미국방송 등에서 소개되었다.

표 3-1. 필터 적용 기준

청각 검사에서 픽(peak)가 있다고 해서, 모든 픽(peak)에 필터를 적용하는 것이 아니다.

· 해당 주파수, 경사 크기, 픽(peak)의 수, 다른 픽(peak)과의 관계성을 고려하여 필터 여부와 위치가 결정된다.
· 해당 주파수라도 경사 크기에 따른 기준이 다르고, 다른 픽(peak)과의 관계성에 따라서 다르다.
· 우선 적용대상 주파수의 픽(peak)이 있고, 우선순위가 있다.
· 주파수의 픽(peak)의 수에 따라서도 적용 여부와 기준이 다르고, 중간 검사가 필요한 청각이 있고, 중간 검사가 필요 없는 청각이 있다.

픽(peak)의 일시적 변화:
필터 대상이 아닌 주파수의 픽(peak)은 치료 중에 일시적으로 peak의 위치가 변화되는 경우가 있다. 필터 대상인 경우에도 픽(peak)의 크기, 경사가 크지 않은 경우에, 드물게 픽(peak)의 위치가 일시적으로 변화되는 경우가 있다. 그러나 이런 경우는 모두 다시 안정적으로 치료되어 가게 되므로 무시해도 되는 것이다.

필터의 중요성 확인:

필터 대상 아동들이 치료 중에 필터 버튼이 꺼지면, 바로 깜짝 놀라거나 고통스러워하고, 다시 켜면 편안해한다. 필터 버튼이 꺼지면 완충 절차 없이 특정 주파수를 듣게 되면서 해당 청각 세포가 충격을 받기 때문이다.

필터 구조, 필터 원리 영상 자료, 필터의 기능은 다음과 같다.

(1) 공인 장치의 필터구조

베라르AIT의 공인 장치에는 모두 필터기능이 탑재되어 있다.

① 공인 장치 Audiokinetron

Audiokinetron 8개의 필터 버튼들(750, 1,000, 1,500, 2,000, 3,000, 4,000, 6,000, 8,000Hz)
(Audiokintron은 오래전에 단종)
그림 3-2. Audiokinetron 필터 구조

② 공인 장치 Earducator

Earducator의 6개 필터 버튼들(1,000, 1,500, 2,000, 3,000, 4,000, 8,000Hz)
(Audiokinetron의 750, 6,000Hz의 필터는 비효율적으로 입증되어 없어짐)
그림 3-3. Earducator 필터 구조

(2) 필터 원리 영상 자료

① 베라르AIT 공식 동영상 1, 내용 및 보기:

베라르AIT의 원리(필터 원리 외), 공인 장치, 치료 방식, 귀 건강 등

공식 동영상 1, 웹사이트: https://blog.naver.com/sori3291/220934555835

② 베라르AIT 미국 방송, 내용 및 보기:
 - 치료 방식/ 치료 효과(조지 외)
 - 베라르AIT의 창시자 베라르 박사 출연
 - 미국자폐연구기관의 림랜드 박사 출연
 - 자폐증을 완치했다는 조지 출연

미국 방송, 웹사이트: https://blog.naver.com/sori3291/220944210927

(3) 필터의 기능

필터의 기능은 청각 세포의 손상 없이 청각 왜곡을 교정하고, 청각 정상화 및 치료 효과 유지에 기여한다.

① 청각 왜곡의 개선

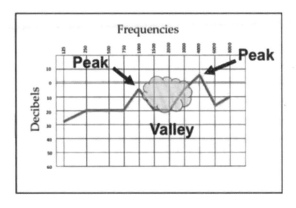

그림 3-4. Peak과 Valley에 의한 소리 차단(Masking)

픽(peak): 솟아오른 부분
밸리(valley): 2개의 픽 사이의 골짜기 부분

2개의 픽 사이에 있는 밸리 주파수의 소리는 픽 주파수의 소리에 의하여 차단되어(차폐: masking) 거의 들리지 않게 된다. 이런 마스킹 현상은 두 음의 주파수의 강도 차이가 클 때, 약한 음이 들리지 않게 되어 청각 왜곡을 유발한다.

베라르AIT 후에 청각 형태가 고르게 되면서 픽과 밸리가 없어지거나 약화되고, 청각 왜곡이 개선된다.

② 청각 세포 보호

픽에 해당되는 주파수를 인접 주파수보다 몇 배나 크게 듣게 되면서, 해당 주파수를 처리하는 달팽이관의 청각 세포는 소리압력으로 타격을 받아서 손상을 입게 된다. 이런 청각은 문제의 특정 주파수만 필터하여 치료하면 청각 세포의 손상 없이 치료가 가능하다.

③ 청각 정상화에 기여

필터는 특별히 과민한 청각 세포의 자극은 감소하고, 둔감한 인접 주파수를 처리하는 청각 세포를 활성화함으로써 고른 형태로의 청각 정상화에 기여하게 된다.

④ 치료 효과의 완성/ 유지

필터 적용 대상자가 필터 없이 치료하는 경우, 완전한 치료가 되지 않거나, 치료 후에 원상태로 빠르게 되돌아갈 수 있다. 특히, 청각 형태가 필터 중요도 우선 1순위에 해당되는 청각인 경우, 더욱 그렇다.

필터에 관련된 베라르 박사와 학자들의 전문적 견해와 임상 사례, 연구자료는 한국베라르AIT 홈페이지(http://www.kait.pe.kr)나 블로그(https://blog.naver.com/sori3291)에서 확인 가능하다.

3-3
핵심 기능

✎ 베라르AIT의 핵심 기능은 청각 왜곡의 정상화, 두뇌 활성화 및 재구조화, 언어 발달 촉진이다.

1) 청각 왜곡의 정상화

베라르AIT는 최고음역과 최저음역 사이에서 변화무쌍하고 빠르게 무작위로 작동하는 음악을 특수 장치로 증폭, 변조, 필터하여 특수 헤드폰을 통하여 청각으로 분사한다. 이런 방식으로 10일간 1일 2회씩, 총 20회 치료 후에, 과민/ 과소 기능의 청각 세포가 균등하게 되고, 대부분의 왜곡된 청각이 정상화된다.

청각 왜곡 해결법: 제도권 병원에 없다

현재, 청각 왜곡 문제에 대하여 이비인후과 등의 제도권 병원에서는 다루지도 않고, 관심도 없고, 대책도 없는 실정이다. 청각장애의 관점에서(농과 난청, 보청기)만 해석하고 있기 때문에, 일정크기(40dB 정도) 이상의 소리를 들을 수만 있다면, 모두 정상 판정을 하고 있다.

제도권 병원에서는 베라르AIT 자체를 모르고, 원리도 모르고 있기 때문이다. 현재로서는 베라르AIT가 아니고서는 청각 왜곡 문제를 바로잡는 다른 방법이 거의 없는 현실이다.

〈베라르AIT가 해결하는 대표적인 청각 왜곡들〉

(1) 편측성 청각 왜곡 교정: 말소리의 앞뒤 순서 전환 교정

편측성 청각 왜곡 문제가 있으면 소리 순서가 전환되어 들리거나, 혼합되어 들리게 되면서 동일한 단어가 아래의 예시들과 같이 여러 가지 다른 소리들로 들릴 수가 있다(편측성 청각 왜곡의 원리는 제2부, 청각 왜곡의 증상 참조).

왜 말소리 순서가 전환되어 들리는가?

청각이 오른쪽 귀나 왼쪽 귀로 소리를 듣게 되면, 뇌량(corpus callosum)을 통과하여 반대편 뇌로 교차되어 전달된다. 언어센터는 좌뇌에만 있다. 오른쪽 귀로 처리하는 소리는 좌뇌의 언어센터로 즉시 도달하여 왼쪽 귀로 전달되는 소리보다 먼저 들리게 된다.

왼쪽 귀로 처리하는 소리는 우뇌로 갔다가 뇌량을 통과하여 다시 언어센터가 있는 좌뇌로 가야만 소리를 인지할 수 있다. 이 과정에서 0.4~0.04초의 시간이 더 소요되기 때문이다.

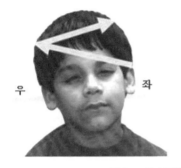

우　　　좌　　　우　　　좌

그림 3-5. 말소리의 뇌량통과 좌뇌전달 경로

소리의 뇌량 통과시간은 0.4~0.04초, 통상적인 말의 속도 0.2초:

소리의 뇌량통과 시간은 0.4~0.04초이고 통상적인 말의 속도
는 0.2초 간격이다. 뇌량통과 시간이 0.04초라면 문제될 것이 없
다. 그러나 이보다 늦어지면(0.3초~0.4초 등) 첫 번째 음절을 듣기도
전에, 다음번 음절이 먼저 언어센터에 도달하여 들리게 된다. 결
과적으로 말소리의 앞뒤 순서가 전환되어 들린다.

주파수별 좌·우측 소리인식 경로:

소리인식 경로는 개인마다 다를 수 있고, 동일인도 주파수별로
다를 수 있다.

- 모든 주파수를 오른쪽 귀로 통제하는 청각
- 모든 주파수를 왼쪽 귀로 통제하는 청각
- 주파수 간 좌우통제가 혼합된 청각
- 중앙에서 통제하는 청각

주파수 간 좌우통제가 혼합된 청각의 문제는 더 심각하다:

모든 소리를 오른쪽 청각으로 통제하고 처리한다면 가장 바람직하다. 차선으로 모든 소리를 왼쪽 청각으로 처리한다면 그나마 혼란이 없다. 그러나 주파수마다 좌·우측 청각 처리가 다르게 혼합되어 있는 경우, 편측성 청각 문제는 더욱 심화된다.

같은 단어라도 어떤 소리를 먼저 처리하느냐에 따라서 다른 단어로 들릴 수가 있다. 긴 단어(음소나 철자가 많은 단어)의 경우에는 여러 다른 단어나 소리로 들릴 수도 있다. 이런 경우, 잘못된 순서로 소리가 들어와서 머릿속에서 뒤엉키기 때문에 받아쓰기, 철자오류, 말 알아듣기가 곤란하다.

베라르AIT는 이러한 편측성 청각으로 인한 청각 왜곡 문제를 해결할 수 있다.

편측성 청각 왜곡의 예시들 : 소리 순서 전환/ 혼합

예시 1 한글 단어 '소'→'오스'로

자음 'ㅅ' 소리의 주파수는 왼쪽 귀로 처리된다면 이 소리가 우반구로, 그 후 다시 뇌량을 통해 언어 센터인 좌반구로 가야만 소리를 인식할 수 있다. 이 과정에서 약간의 시간 지체가 일어난다. 모음 '오' 소리의 주파수는 오른쪽 귀로 처리된다면, 곧바로 좌반구의 언어 센터에 도달하여, 자음 'ㅅ' 소리보다 먼저 들려지게 된다. 이런 경우, 원래 단어 '소'로 들리지 않고 '오스'로 들려지게 된다.

예시 2 영어 단어 tar→tar로/ art로/ rat로, 기타 소리로

① tar→tar로(정상 청각): 정상 청각은 tar로 정확히 듣게 된다.

② tar→art로(청각 왜곡)

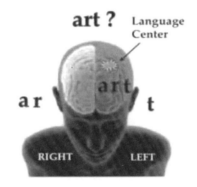

그림 3-6. 소리 순서 전환 예시 1

a, r 음은 우측 귀로 듣게 되고, t 음은 좌측 귀로 듣게 되는 청각의 경우, a, r 음은 즉시 좌뇌의 언어센터로 가서 인지되고, t 음은 우뇌로 교차하여 갔다가 다시 언어센터가 있는 좌뇌로 돌아와야 인지 가능하므로 tar가 art로 들리게 된다.

③ tar→rat로(청각 왜곡)

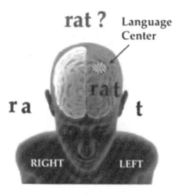

그림 3-7. 소리 순서 전환 예시 2

말의 속도나 주파수별 좌우청각 우세성 유형에 따라서 r, a 음은 우측 귀로 듣게 되고, t 음은 좌측 귀로 듣게 되는 청각의 경우, r, a 음은 먼저 좌뇌의 언어센터로 가서 인지되고, t 음은 우뇌로 교차하여 갔다가 다시 언어센터가 있는 좌뇌로 돌아와야 인지 가능하므로 tar가 rat로 들리게 된다.

④ tar→기타 혼합된 소리로(청각 왜곡)

청각에 따라, 소리들이 거의 동시에 처리되는 경우, 기타 혼합된 소리로도 들릴 수도 있다.

이상의 편측성 청각 왜곡 문제가 있는 경우, 처음에는 단어 이해가 곤란하나, 추가적인 노력과 과정을 거치면서 소리를 이해할 수도 있지만, 쉽게 피로하고 오래 집중할 수 없게 된다.

(2) 모음을 못 듣는 청각 교정

청각 유형에 따라 모음을 듣지 못하거나 약하게 듣는 경우, 베라르AIT로 교정할 수 있다.

(3) 자음을 못 듣는 청각 교정

청각 유형에 따라 자음을 듣지 못하거나 약하게 듣는 경우, 베라르AIT로 교정할 수 있다.

(4) 소리가 실제보다 크게/ 작게 들리는 청각 왜곡 교정

청각 역치가 주파수 간 고르지 않고 기복이 심한 경우, 픽(peak) 주파수 소리로 인하여 밸리(valley) 주파수의 소리가 덮여버리고, 특정 주파수의 소리는 몇 배로 확대되어서 작은 보슬비 소리가 기관총 소리처럼 크게 공격적으로 들릴 수 있다.

베라르AIT는 주파수 간 고르지 않은 청각으로 인한 청각 왜곡 (과민/ 과소 청각)을 해결할 수 있다.

그림 3-8.
소리가 실제보다
크게/ 작게 들리는 상황

(5) 소리 높낮이 변별 문제로 인한 청각 왜곡 교정

소리 높낮이 변별 문제가 있을 경우, 음치 증상, 발음 문제, 억양 변화의 인식 곤란으로 외국어 학습에서 불리할 수 있다.

2) 두뇌 활성화/ 재구조화

두뇌 활성화와 신경계의 재조직화를 위하여 필수적이고 중요한 자극이 음악 자극이다. 음악 자극도 새롭고, 독특하고, 강렬하고, 반복적으로 투입되어야 가능하다.

베라르AIT의 근본 원리는 신경생리학적 기제에 기반을 두고 있다. 베라르AIT 후부터 3~4개월까지, 또는 그 이상의 기간까지 계속적으로 신경계 재조직화 과정이 일어난다. 베라르AIT 후의 두뇌 활성화와 신경계 재구조화의 근거는 다음과 같다.

(1) 베라르AIT 후 두뇌 활성화 증가

베라르AIT 전후의 좌, 우뇌의 영상검사 비교에서 베라르AIT 이후에 강한 두뇌 활성화가 나타났다.

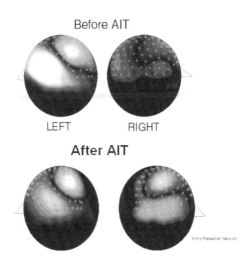

그림 3-9. 베라르AIT 전후의 두뇌 활성화 영상 비교

(2) 베라르AIT 후 신경계 재조직화 요인들

① 소리 반사(Acoustic Reflex) 기제를 재조직화

중이의 이소골에 붙어있는 근육(고막장근, 등골근)은 큰 소리에 반사적으로 수축하여 큰소리로부터 청각을 보호하는 역할을 한다. 큰 소리 발생 시, 이 근육들이 적절히 수축해야 이소골이 경직되어 내이의 달팽이관에 전달되는 소리 크기를 경감할 수 있게 된다.

베라르AIT는 역기능적인 청각의 소리 반사 기제를 재조직화하여 지나치게 큰 소리에 달팽이관이 손상되지 않도록 보호할 수 있다.

② 두뇌 연계망의 통합 및 소통 개선

두뇌의 각 영역은 상호의존성이 있다. 내이는 두뇌의 감각 정보의 처리 센터이다. 귀, 눈 등을 통하여 들어오는 감각정보들이 상호 소통하고, 통합하여 수용된 모든 정보를 상호 협응하여 관리할 때, 최적의 기능을 발휘할 수 있게 된다. 베라르AIT는 이러한 특정 경로들 사이에 소통을 개선하여 원활한 정보 흐름이 가능하게 한다.

읽기 예시

읽고 이해하려면 눈과 귀로 수용된 시각 정보와 청각 정보가 상호 협응해야 한다. 눈은 글자를 보면서 이동하여 움직여야 하고, 청각 피질은 각 문자가 정확한 소리로 변환되도록 활성화되어야 한다. 각 소리는 단어로 복합되고, 단어에는 의미가 부가되어야 한다. 효율적으로 읽으려면 이 전체과정이 자동적으로 빠르게 일어나야 한다.

③ 신경 가소성과 뇌기능 촉진

신경가소성이란 적절한 자극을 주면, 변화하거나 성장하는 신경(뉴런)의 능력이다. 신경가소성으로 인해 두뇌가 스스로 새로운 신경 경로를 개발하여 리모델링이 가능하다. 이러한 현상은 평생 나타난다.

신경가소성의 전문가인 Michael Merzenich의 주장에 의하면, 두뇌는 계속하여 스스로 조절하고, 적절한 영양과 훈련이 있으면 항상 학습하는 방법을 터득하게 된다. 두뇌의 특정 영역에 손상이 일어나면 손상된 영역을 보상하기 위하여 새로운 신경 연계성을 개발하여 스스로 회복을 시도한다.

이 새로운 신경계 개발에는 적절한 자극이 필요하다. 베라르 AIT는 매우 빠르고 무작위로 변화하는 다양한 주파수의 음악을 독특한 방식으로 청각에 분사하여, 새로운 신경계 개발과 재조직화에 필요한 자극을 창출한다. 이런 방식으로 약한 경로가 강화되고 뉴런들 사이에 새로운 연계가 가능하게 된다.

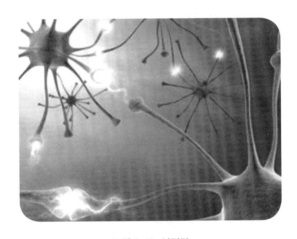

그림 3-10. 신경망

④ 두뇌 반구의 통합

좌, 우뇌의 기능들이 분화되어 있다. 일반적으로 언어성, 논리성, 분석적 기능은 좌뇌에서, 시공간적, 총체적, 전체적, 직관적 기능은 우뇌에서 담당하는 것으로 알려져 있다. 그러나 언어 중에서도 단어상, 이미지상은 우뇌에서 담당한다. 음악의 경우에도 멜로디, 리듬에 따라 좌, 우뇌에 기능이 분산되어 있다(표 3-2. 대뇌 반구의 기능 참조).

그러므로 결국 완전한 기능을 위해서는 좌, 우뇌의 기능이 통합되어야 한다. 두뇌의 좌, 우반구가 원활하게 소통할 때 최적의 기능을 감당할 수 있다. 한쪽 반구라도 잘 기능하지 못하면, 뇌기능의 활성화가 약하고, 기능이 감소하여 정보처리가 어렵거나 지체된다.

두 반구의 협응과 통합이 정보처리 문제를 해결하는 열쇠이다. 음악은 두뇌의 가장 중요한 조직자이다.

음악의 일부 측면(템포, 멜로디, 리듬)은 좌반구에서 처리되고, 일부 측면(톤, 자연적 리듬 등)은 우반구에서 처리된다. 베라르AIT에서 제시되는 독특하고 새로운 소리 자극은 두 반구를 통합해서 원활한 소통이 가능하게 한다.

베라르AIT 후에 주의 집중, 논리적 추론, 사회적 이해, 시지각 기술, 운동 능력의 개선은 두 반구의 통합과 협응의 결과이다.

표 3-2. 대뇌 반구의 기능

좌반구	우반구
언어성	시/공간적
언어지향적	경험지향적
분석적	총체적, 창의적
세분화	종합적
계열화(순서화)	무작위
선형적(1차적)	전체적
합리적	직관적
시간지향적	무시간 관념
미래지향적 계획	현재중심, 자발적
논리적	단순한 영감적
계층적(위계적)	산발적
Musical melody	Musical Tone
Musical rhythm & tempo	Natural rhythm
Musical notes	Musical passion
부분으로 시작	먼저 전체 구도를
세부적 작업	이미지 작업
철자: 특정문자	철자: 단어상
구문론, 의미론	상, 정서
문자, 문장	리듬, 흐름, 방언
언어의 부분	전체의미
수읽기, 분석	수 이미지, 수 추정
차이성을	유사성
느낌을 통제	자유로운 느낌
기법	흐름, 운동, 리듬
도구, 미디어	이미지, 정서, 흐름

⑤ 전정기제의 재조직화

베라르AIT의 강렬한 청각 진동 자극은 청각 및 전정-소뇌 연계성을 강화하여 전정기제의 재조직화를 지원한다.

베라르AIT의 소뇌-전정기제 이론(cerebellar-vestibular theory of AIT)에 의하면, 내이의 전정기제는 두뇌의 감각 운동 처리센터로, 감각 정보들(청각, 시각, 미각, 후각 등)을 통합하여 처리하고, 운동 협응, 균형 감각, 방향지각, 시간, 리듬 감각을 통제하고, 불안 조절 역할을 담당한다.

소뇌-전정기제 이론은 베라르AIT 후 많은 변화가 일어나는 이유를 잘 설명하고 있다. 베라르AIT 후에 미각, 후각, 촉각의 정상화, 균형 감각 발달, 운동 협응력 증가, 글씨 쓰기 개선, 눈 맞추기 개선, 눈 손 협응, 눈 조정 발달 등은 모두 전정기제의 재조직화를 입증하고 있다.

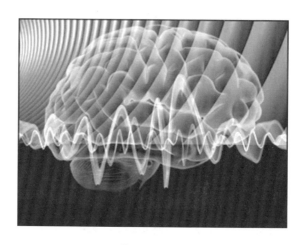

http://altered-states.net
그림 3-11. 음악과 뇌의 연계성

3) 언어 발달 촉진

소리가 실제보다 지나치게 크거나, 작게, 약하게, 희미하게 들리는 상태에서, 소리의 앞뒤가 전환되거나 혼합되어 들리는 상태에서, 정상적인 언어 발달은 이루어질 수 없다.

베라르AIT는 청각을 정상화하고, 두뇌 활성화, 신경계의 재구조화를 통하여 언어 발달을 촉진하게 된다. 치료 시작 시부터 약

3~4개월에 걸쳐서 개별 상태에 따라 옹알이가 늘거나, 단어 수, 어휘력이 늘거나, 문장의 논리성과 완성도가 증가하는 현상이 나타나게 된다.

베라르AIT는 개별 청각 상태(과민 청각, 둔감 청각 외)에 따라 소리의 수준, 변조/증폭, 필터 세팅을 다르게 진행한다. 언어 발달이 늦은 아동의 경우, 청각 특성과 언어 발달 수준에 따라, 전/ 후반기, 좌/ 우 세팅을 달리 설정하여 좌뇌의 언어센터를 활성화하여, 언어 발달을 촉진할 수 있다.

베라르AIT 후의 언어 발달은 연구 결과들, 통계치를 통해서 확인할 수 있다. 2002년과 2018년에 실시한 베라르AIT의 효과영역을 조사한 통계치에 의하면, 베라르AIT 후에 효과를 얻은 대상자 중에서 언어 영역의 개선이 약 75~80%로 가장 많았다.

언어 발달에 관한 임상 사례는 제4부에서 확인할 수 있다.

3-4
치료 방식

✎ 특정 장치(공인 장치)를 통하여 검증된 음악을, 증폭 및 변조, 필요 시 필터하여 특정 헤드폰으로 듣게 한다.

청각 검사 가능 아동:

신뢰스러운 청각 검사가 가능한 아동의 경우, 청각검사 결과에 따라, 필요 시 문제의 특정 주파수만 제거하도록 장치에 세부 세팅을 하여 청각에 타격을 주지 않고 청각을 정상화시키는 방식을 적용한다.

청각 검사 불가 아동:

발달 장애 관련 대부분의 아동은 믿을 만한 청각 검사가 불가능하다. 이런 경우에 언어, 인지의 발달 수준과 특성, 감각 특성에 따라 소리의 변조/ 증폭, 크기 수준을 달리 설정하게 된다. 조건에 따라 언어 영역을 보다 활성화시키는 세팅도 가능하다.

3-5
치료 기간

- 치료 기간: 10일
- 1일 2회(3시간 이상의 간격)
- 회당 약 30분

* 중간에 1~2일 정도 쉴 수 있다.

이렇게 10일간 1일 2회, 회당 30분, 총 20회의 치료를 하는 이유는 임상적 검증을 통하여 가장 효율적으로 입증되었기 때문이다.

1차 이후의 치료:

2차, 또는 그 이상의 치료는 직전 치료 후 5~6개월 경에 가능하다. 특별한 경우를 제외하고는 치료 후 3개월 이전에 시작하지는 않는다.

3-6
치료 음악

✎ 베라르AIT의 효과를 산출하기 위해
서는 치료 장치, 음악 조건(Hz, dB), 장치 세팅법, 치료사의 전문성
등이 모두 중요하다. 음악의 중요성은 다음과 같다.

음악 특성:

치료 효과의 극대화를 위해서는 다양하고 폭넓은 주파수(Hz)와
소리 크기(dB), 우수한 템포, 비트, 역동성이 필요하다. 클래식 음
악이나 음폭이 좁고 제한적인 음악은 두뇌 활성화나 청지각 개선
에 한계가 있으므로 적절하지 않다.

① 소리 크기: 60~85dB

비교적 크지만, 최대 볼륨이 평균 85dB 이하로 미국 직업안정
건강 기관(OSHA)의 허용 기준보다 훨씬 낮은 수준이므로 청각에
해롭지 않다. 이 범위 안의 소리도 큰 소리와 작은 소리가 적절히
배합되어 분사되어야 효율성이 극대화 될 수 있다.

② 주파수: 30~15,000Hz
- 일상생활 소리: 125~8,000Hz

- 대부분 말소리: 500~2,000Hz
- 대부분의 음악: 750~3,000Hz
- 베라르AIT 음악: 30~15,000Hz

베라르AIT 음악의 주파수 범위는 훨씬 넓어서, 30~15,000Hz에 속하는 청각 세포까지 골고루 활성화가 가능하다. 청각 세포는 각각 담당하여 처리하는 주파수가 배정되어 있으므로, 다양한 주파수가 각각 골고루 분사되어야 청각 세포 전체의 정상화와 활성화가 가능하다.

③ 우수하고 빠른 템포, 비트, 역동성

이상의 모든 조건에 맞는 음악은 일반적으로 레게, 팝, 록, 뉴에이지, 재즈 등이다.

베라르 박사와 Bill Clark가 음악 준거를 결정하고, Bill Clark가 처음으로 음악을 측정, 검증하여 이 준거에 맞는 음악 CD 리스트, 해당 트랙을 공시하였다. 동일 CD 내의 음악도 모두 이 조건에 부합하지 않으므로 준거에 맞는 특정 트랙만을 선택하여 이용해야 한다.

3-7
치료 효과

✒ 베라르AIT 후에 치료효과를 얻는 비율은 장치와 연구에 따라서 다소의 차이가 있다. Earducator의 경우, Audiokinetron의 효과율 이상인 것으로 알려져 있다. 영역들 중에서는 언어 영역의 효과를 얻는 사례들이 가장 많았다.

베라르 박사의 연구에서 베라르AIT 후에, 청각이 정상화되었을 때 정신연령이 평균 1~2세 상승하였고, IQ가 10~15점이 상승하였다. 어떤 아동도 단 10일 만에 이러한 지적 상승이 일어나지는 않는다. 아동의 정상화된 청각과 두뇌 활성화가 지적 잠재력을 충분히 발휘하도록 했기 때문이다.

1) 효과 발생 기제

베라르AIT 후의 변화를 일으키는 기제는 신경 생리적 기반에 있다. 다른 치료들은 신체 기제 외부에서 가르치는 접근법이다.
언어 치료 외 다른 치료법도 모두 중요하다. 그러나 먼저 두뇌 신경계 내부의 문제를 바로잡는 것이 우선이다. 닫혀있는 뇌기능을 깨우고 열어서, 활성화를 시켜야 외부 정보를 받아들일 수 있다.

내부의 원인이 먼저 해결되어야 다른 치료의 효과도 촉진될 수 있기 때문이다.

베라르AIT의 음악 자극은 청각을 정상화하고 신경계의 재조직화, 반구의 통합, 두뇌 활성화를 통하여 언어, 인지, 집중, 논리성, 시지각, 운동 영역 등의 과제 수행력을 증진하게 된다.

2) 효과 발생 조건

음악 등 다른 조건을 갖춘 경우에도 검증된 장치를 통해서, 필터, 증폭/ 변조 과정 등 일정한 프로토콜에 따라 진행되어야 진정한 효과를 얻을 수 있게 된다.

3) 효과 발생시기

베라르AIT 효과는 개별 아동에 따라 치료 시작 시부터, 또는 치료 후 3~6개월까지(9개월까지도), 극적으로, 또는 점진적으로 나타나게 된다.

개인에 따라 치료 시작 시부터 언어, 인지, 집중 등의 일부 변화를 보이기도 하지만, 본격적인 변화는 치료 후 약 3개월 경에 나타난다. 청각의 정상화는 치료 직후에 나타나지만, 신경계의 재구조화, 안정화 과정에 약 3개월의 적응 기간이 필요하기 때문이다.

치료 직후: 청각 정상화, 청각 왜곡의 소거

치료 후 약 3개월: 신경계의 안정화, 재구조화

4) 효과 발생 영역

베라르AIT 후에 언어, 인지, 학습, 집중력, 행동, 청각 왜곡, 난청 등 효과에 관한 자세한 실제 사례들은 제4부 임상 사례 부분, 한국베라르AIT연구소 홈페이지, 블로그에서 확인할 수 있다.

3-8
치료 대상

       ✎ 청각 문제가 있다면 모두 베라르AIT
의 대상이 될 수 있다. 청각 과민, 청각 둔감, 청각 왜곡, 청지각
문제, 언어 문제, 정서/ 행동 문제 등을 가진 약 3세부터 성인, 노
인까지 가능하다.
    제2부에서 소개된 청각 왜곡의 증상, 청각 왜곡 관련 장애는 모
두 베라르AIT의 대상이다.

주요 대상:
- 학습 장애
- ADHD/ ADD(주의력 결핍과잉 행동장애/ 주의산만)
- 자폐 스펙트럼 장애(아스퍼거 장애 포함)
- 경계선 지능
- 지적 장애/ 발달 지체
- 언어/ 의사소통
- 난청
- 기타 일반인

3-9
치료 장치

✐ 베라르AIT 공인 장치는 오디오키네트론(AudioKinetron)과 이어듀케이터(Earducator)이다. 이 두 장치는 베라르 박사가 직접 개입하여 개발하고 공식적으로 공개 검증된 장치이다. 오디오키네트론은 단종된 지 오래되어 수명이 거의 소진되었고, 현재 이어듀케이터만이 유일한 공인 장치이다.

이 장치는 학위, 전공 등이 자격 규정에 부합하고, 베라르 박사가 인증한 교육 과정을 이수하고, 시험에 통과하여 자격을 취득한 자만이 구입 가능하다.

이 장치는 음악의 증폭, 필터의 모든 기능을 탑재하고 있어서, 개인의 청각 특성에 따른 증폭/변조, 필터, 볼륨 설정이 가능하다.

다른 장치와의 차이는
- 음악 자원
- 음악 처리 방식(예, 변조/ 증폭)
- 필터 방식/ 조건(예, 필터 시 인접 주파수와의 넓이와 깊이) 등이다.

그림 3-12. Earducator와 헤드폰

장치에 맞는 헤드폰:

베라르AIT의 효과적인 소리산출을 위하여 장치의 사양에 적합한 헤드폰이 필요하다. 적절할 듯한 헤드폰이 실제로 청각에 전달되는 음압레벨(Sound Pressure Level: SPL)이 상당히 다를 수 있다. 음질, 주파수 반응/충실도, 소리 왜곡이 없어야 한다.

장치 제조자와 베라르 박사가 권장하는 헤드폰의 모델은 다음과 같다:

공인 장치 Audiokinetron용 헤드폰:

Audiokinetron에 적합한 헤드폰은 독일의 BEYERDYNAMIC사의 모델 DT 100이다.

공인 장치 Earducator용 헤드폰:

Earducator에 적합한 헤드폰은 독일의 BEYERDYNAMIC사의 모델 DT 250-80 ohms이다.

3-10
청각 검사

✎ 베라르AIT 청각 검사의 주된 관심은 청각의 질적인 문제(청각 왜곡)를 파악하는 데 있다. 청각 검사에서 상당한 청지각/ 청각 왜곡 문제를 나타내는 아동들이 실제로 병원 이비인후과의 청각 검사에서는 대부분 정상 판정을 받는다.

병원의 청각 검사는 청각의 질적인 문제인 청각 왜곡을 무시하고, 난청 여부를 판단하는 데만 초점을 두고 있다. 과민 청각, 기복이 많거나 심한 청각, 편측성 문제, 피치 변별 문제, 좌우 청각의 불균형 등으로 인한 청각 왜곡에는 관심이 없고, 치료 대책도 거의 없는 실정이다.

베라르AIT의 청각 검사의 시기와 방법, 다른 청각 검사와의 차이를 소개한다.

1) 청각 검사 시기

베라르AIT의 청각 검사(순음 청각 검사)는 치료 전, 치료 후 청각 검사를 실시한다. 필요 시 중간 청각 검사를 한다. 치료 후 효과분

석을 위하여 정기적으로 추적 검사를 실시할 수도 있다.

- 치료 전 청각 검사: 청각 문제의 여부와 정도를 파악하고, 필터 설정 여부와 위치를 결정
- 중간 청각 검사: 치료 중간의 필터 설정 여부와 위치 변경 여부를 결정
- 치료 후 청각 검사: 치료 후 변화 상태 확인

2) 청각 검사 실시 방법

주파수별로 소리를 제시하고 들리는지 여부를 대답하게 한다. 오른쪽, 왼쪽 모두 실시한다.

- 말할 수 있는 아동: "예"/ "아니오", "들려요" /"안 들려요", "나요"/ "안 나요"로 대답
- 표현은 안 되지만 인지능력이 좋은 뇌병변 아동 등: 소리가 들릴 때 손을 들거나, 검사기의 보턴 누르기로 대답

3) 그래프 만드는 방법

주파수별(125~8,000Hz)로 들을 수 있는 가장 작은 소리 크기(-10~90dB)를 그래프 용지에 표시하여, 선으로 연결한다. 좌우 모두 실시한다.

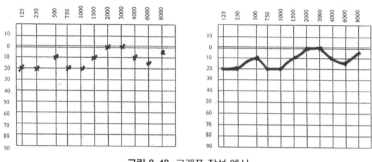

그림 3-13. 그래프 작성 예시

* 그래프 이해: 그림 3-13에서 대상자는 해당 라인 크기(dB)보다 위쪽에 있는 작은 소
리들은 들을 수 없다.

4) 다른 청각 검사와의 차이

베라르AIT의 청각 검사와 이비인후과의 청각 검사에는 검사 원
리와 방식에서 근본적 차이는 없으나, 검사 목적, 검사 대상 주파
수, 검사 환경, 검사 결과 해석, 치료 대책에서는 분명한 몇 가지
차이점이 있다.

(1) 검사 목적의 차이

표 3-3. 검사 목적의 차이

베라르AIT 청각 검사	이비인후과 청각 검사
– 청각 왜곡, 청각 과민 여부 – 난청과 청각 장애 여부와 정도	– 난청과 청각 장애 여부와 정도 – 보청기 필요 여부

베라르AIT의 청각 검사는

일반 청각 검사와 달리 청각 과민, 피치 변별, 편측성 청각 문제 등의 청각 이상을 파악하는 데 중점을 두고, 베라르AIT를 통하여 이러한 청각 이상을 정상화하여, 청각 왜곡/ 청지각 문제를 교정하고, 청각 정보처리와 언어 발달 촉진(수용 언어, 표현 언어, 주고 받기 대화 등), 두뇌 활성화를 통한 전반적인 발전을 촉진하기 위한 것이다.

이비인후과 청각 검사는

난청과 청각 장애 여부와 정도에 중점을 두고, 일정한 크기(약 30~40dB) 이상의 소리를 듣기만 하면 모두 정상이라고 판정한다.

소리를 들을 수만 있다고 청각이 정상은 아니다. 소리를 듣고, 변별하고, 내용을 이해해야 지시 수행, 대화, 정상적인 언어 발달, 학습이 가능한 것이다.

청력 손실 정도에 따른 난청의 분류(일반적으로):

- 25dB 이하: 정상
- 26~40dB: 경도 장애
- 41~55dB: 중간 정도의 장애(moderate)
- 56~70dB: 중등도(moderately severe)
- 71~90dB: 고도(severe)
- 91dB 이상: 최고도(profound), 농

* 난청의 경우에도 베라르AIT 후에 상당한 청력 개선이 나타난 사례들이 있다.

(2) 검사 대상 주파수의 차이

표 3-4. 검사 대상 주파수의 차이

베라르AIT 청각 검사 주파수 (좌, 우 합하여 22개 주파수)	이비인후과 청각 검사 주파수 (좌, 우 합하여 12~18개 주파수)
125, 500, 750, 1,000, 2,000, 1,500, 2,000, 3,000, 4,000, 6,000, 8,000Hz	250, 500, 1,000, 2,000, 4,000, 8,000Hz

베라르AIT의 청각 검사 대상 주파수는

위 표와 같이, 좌측 11개, 우측 11개 주파수로, 총 22개 주파수에 대하여 검사한다.

이비인후과 청각 검사 대상 주파수는

일반적으로 12~18개 정도로, 베라르AIT 청각 검사의 대상 주파수보다 적다. 일반적으로 난청자들에게 실시하는 검사 주파수는 6개~9개(250, 500, 1,000, 2,000, 4,000, 8,000Hz…) 정도이다.

베라르AIT의 청각 검사 대상 주파수가 더 많고, 상세하다. 대상 주파수가 적으면 검사 프로파일의 모양과 형태도 시각적으로 상당히 달라 보이게 된다.

(3) 검사 실시 환경의 차이

표 3-5. 검사 실시 환경의 차이

베라르AIT 청각 검사 환경	이비인후과 청각 검사 환경
- 조용한 방(방음실이 아닌)	- 방음실

베라르AIT를 위한 청각 검사는 방음실이 아닌 조용한 방에서
실시한다. 지나치게 조용한 방음실은 외부 소리는 들리지 않지만,
자신의 몸속에서 나는 소리까지 들릴 수가 있기 때문이다.

(4) 검사결과 해석의 차이

표 3-6. 검사결과 해석 기준의 차이

베라르AIT 해석 기준	이비인후과 해석 기준
- 주파수 간 기복의 크기와 수, 형태 - 좌우 청각의 균형 여부 - 문제의 해당 주파수	- 청력 손실의 여부와 정도 - 보청기 필요성 여부

(5) 검사 후 치료 대책의 사이

표 3-7. 검사 후 치료 대책의 차이

베라르AIT 치료 대책	이비인후과 치료 대책
- 청각 왜곡, 청각 과민의 개선 - 난청의 청력 개선	- 청각 왜곡 대책 거의 없음 - 난청의 경우 보청기 권유

5) 기타 관련 청각 검사

베라르AIT의 치료 세팅에 직접 관련되는 청각 검사는 순음 청각 검사이다. 기타 관련 청각 검사로는 편측성 청각 검사와 피치 변별 검사가 있지만 치료 방식 결정에 직접 관계되지 않으므로 자세한 설명은 생략한다. 편측성 청각 문제나 피치 변별 문제도 베라르AIT 후에 대부분 해결된다.

편측성 검사:

편측성 청각 문제(auditory laterality problem: dyslaterality)가 있는지를 확인하는 검사이다. 이 검사는 좌측 귀, 우측 귀, 중앙의 어느 쪽에서 소리를 처리하는지를 알 수 있는 검사이다. 웨버 검사로 이해하면 될 것이다.

피치 변별 검사:

피치 변별 검사란 음의 높낮이 변별 문제(selectivity problem), 즉 소리의 주파수 간의 높낮이(pitch) 구별 문제를 확인하는 검사이다. 음치 문제, 억양 문제, 외국어 학습에 관련된다.

3-11
일시적 문제 행동

✎ 몇 년 전에 ADHD 아동의 치료를 시작한 지 3~5일째 되는 날에 산만함과 반항성이 절정에 달해서 한밤중에 소동이 일어났다. 어머니께서 치료를 소개한 인지치료 선생님께 당장 치료를 중단하겠다고 교수님 연락처를 대라고 하셨다는 것이다. 이 아동은 결국 틱도 치료되었고 공격 행동도 극적으로 사라졌다. 감사 인사까지 받았다.

4세 아동은 치료 초반부터 산만함이 극심해서 2개월간 지속되었다. 어린이집에서 쫓겨날 지경까지 되었으나, 결국 이 아동은 말이 터지고, 발음도 정확해졌다.

베라르 박사의 사례들:

6세 남자 아동이 아버지에게 "왜 식사 시간을 아버지가 결정해야 하느냐"고 반박했다가 뺨을 맞고 도망을 갔다. 평소에 없던 반항이었다.

난독증 여아를 치료하면서 가능한 부작용 행동 문제에 관하여 미리 설명을 하였다. 어머니께서는 적절한 가정교육을 받아서 그런 일은 없을 것이라 장담했다. 그러나 이 여아에게 평소와 다른 끔찍한 행동이 나타났다고 치료를 중단하려고까지 하였다.

45세 의사를 치료하면서 부작용의 가능성에 관하여 경고했을 때, 크게 미소 지으며, "나는 온순한 양같이 좋은 성격이다…."라고 하였다. 그러나 치료 시작 며칠 후에, 주차장을 떠나는 3대의 차를 부숴버렸다는 것이다.

이상은 모두 치료 중이나 후에 나타나는 일시적인 문제 행동들이다.

베라르 박사는 그의 저서에서 "공격적 행동이 때로는 본인도 가족도 예상치 못하게, 갑작스럽게 격렬하게, 명백하게 나타날 수 있다…. 반응이 없다고 치료의 실패를 의미하는 것이 아니다. 알아차리지 못하게 나타날 수도 있다."라고 기술하고 있다.

일반적인 일시적 문제행동 유형:

- 신체적 피로: 두통, 수면 변화
- 행동 문제: 공격 행동, 자해 행동, 과잉 행동, 퇴행 행동 등

이상의 일시적 문제 행동이 나타나는 이유는 대뇌 전정 기관과 신경계의 자극, 지각 변화, 생화학적 변화, 스트레스, 피로, 일과 변화 때문이다.

이러한 반응들은 베라르AIT로 변화가 일어날 징조가 될 수 있다. 이러한 반응에 놀랄 필요는 없다. 물론 이런 반응이 없이도 효과가 나타난다.

3-12
치료 후 주의 사항

✎ 베라르AIT를 하는 중이나 치료 후에, 효과를 유지하기 위하여 지켜야 할 주의 사항은 다음과 같다.

1) 귀 감염 주의

중이염이나 기타 청각의 이상 발생 시, 조기에 치료

2) 큰 소리에 노출 주의

· 매우 큰 음악
· 큰 소리가 나는 기계음(전기톱, 잔디 깎는 기계)
· 갑작스러운 매우 큰 소리(총소리, 폭죽 소리 등)
· 예상치 못하게 큰 소리가 돌발적으로 발생한다면, 귀마개, 귀
  덮개, 손으로 청각을 보호해야 한다.

3) 헤드폰, 이어폰 착용 주의

4) 이독성 약물/ 내이신경 독성 약물(Ototoxic Medication) 주의

청각에 해로운 이독성 성분이 들어있는 약물(ototoxic medication)
은 청각 기제를 손상하는 부작용을 유발하고 베라르AIT 결과에
좋지 못한 영향을 줄 수 있으므로 가능한 남용하지 않아야 한다.

이독성 성분은 귀 감염 치료제, 피부 약물(연고 등), 안약(안연고,
안물약) 등에 포함되어 있는 경우가 있는데, 이런 성분이 혈관 속
에 흡수되어 청각 기제에 해로운 영향을 줄 수 있다.

:: **이독성 약물들**(Ototoxic Medications):

- Quinine
- Sodium salicylate
- Streptomycine
- Kanamycine
- Gentamycine
- Neomycine
- Advil
- Benardryl
- Aspirin
- Morphine
- Benardryl
- 기타

※ Aspirin, Morphine, Advil, Benardryl 등 일부 약물은 이명을 유발할 수 있다.

5) 생화학적 불균형 유발 약물 주의

- 일부 청각 과민성은 약물로 인한 생화학적 불균형 때문이다. 생화학적으로 변형된 청각은 베라르AIT로 개선되기 어렵다.
- 인공 감미료는 청각 과민 및 이명을 유발할 수 있다.
- 항생제(antibiotics) 처방 시, 극히 민감한 청각은 효과를 상실할 수 있다.
- 항간질약물(Tegretol(Carbamazepine))의 부작용도 청각 문제(hyperacusis)를 유발할 수 있다.
- 마그네슘 결핍도 청각 민감성과 관련된다. 이런 경우는 마그네슘의 보충으로 해결 가능하다.

※ 베라르AIT 시작 이전에 청각 과민성의 생화학적 요인 가능성을 살펴볼 필요가 있다.

6) 점진적 효과 감소 요인

- 베라르AIT 이전에 매우 민감했던 청각
- 베라르AIT 후 헤드폰이나 이어폰 착용
- 큰 소리(뮤지컬, 영화관, 음악회 등)에 노출
- 기타 알 수 없는 요인

※ 대부분은 추가적 베라르AIT로 해결할 수 있다.

제4부

임상 사례

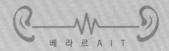

베라르AIT

이런 말씀을 가끔씩 듣는다:

부모 A: "죄송하지만 사실, 처음에 음악 듣고 좋아지겠나, 세피하게 생
각했습니다. 근래 몇 년간 여러 치료를 해보았지만, 이번에 베
라르 치료하고 대만족이고…."
부모 B: "사실 처음에는 반신반의했고, 치료 1달 후에나 효과가 좀 있
을려나 했었습니다."
부모 C: "10일 치료하고 아이가 변한다니 말이 됩니까…? "
부모 D: "지금까지 받아본 치료 중에서 베라르AIT가 제일 낫다."
부모 E: "저희는 베라르 치료 앞으로 계속할 겁니다."
부모 F: "학교에서도 무슨 일이 있었냐고… 하루하루 놀람의 연속이었
습니다."

여기에 소개된 모든 사례의 이름은 가명이고 청각 검사 가능했던 사례
는 청각변화 그래프도 소개했다. 사례별로 좀 더 자세한 경과 및 추가사
례는 한국베라르AIT 홈페이지와 블로그에서 확인할 수 있다.

정상 청각: 0~20dB 범위 사이에서 고르고 완만한 형태
청지각 문제/ 청각 왜곡: 주파수 간 고르지 않고, 기복 있는 청각
과민 청각: 0dB 이상으로 올라간 청각(0dB,-5dB,-10dB 등)
난청: 30dB 이상의 손상(40dB, 50dB, 60dB…)
농: 80~90dB 이상의 손상
그래프의 가로수치(125~8,000): 주파수 Hz
그래프의 세로수치(-10~90): 소리 크기 dB
청색 실선: 베라르AIT 이전 그래프/ 붉은색 실선: 베라르AIT 이후의
그래프

4-1
ADHD/ 학습 장애

임호준(고1, 남): 10년 들리던 이명 중단. 9년 만에 학교 적응, 사람 목소리가 새롭게 들림

특성:

– 청각 과민: 기계 소리(청소기 소리, 쇠 커트 소리 외)
– ADHD약 4년 복용 후 약효 거의 없고, 부작용 우려로 중단

베라르AIT 후 변화:

호준이는 대학병원 청각 검사에서는 정상 판정을 받았지만, 본 연구소에서 검사 결과 좌우 비대칭, 소리 과민, 청각 왜곡 등의 중대한 청각 문제가 있는 청각 형태였다. 베라르AIT 필터치료 기준에 따라 필터 세팅을 한 상태로 10일간 치료를 진행하였고, 치료 후 극적인 개선으로(청각 검사지 참조), 10년간 들리던 이명이 중단되고 사람 목소리를 새롭게 듣게 되었다.

치료 9일째 저녁(3/9): 호준이 엄마입니다. 호준이가 6살 무렵부터 귀에서 이명 소리가 났었다고 합니다. 오늘에서야 처음 얘기를

하네요. 남들도 똑같이 듣는 소리라고 생각해서 말을 안 했다고 하네요. 음악을 듣거나 피아노 같은 악기 소리를 들을 땐 들리지 않았지만, 대화 시에는 항상 소리가 나서 말을 잘 알아들을 수가 없었다고 하네요.

10년간 들렸던 이명 소리가 베라르 치료를 하면서 조금씩 들리지 않고, 오늘은 하루 종일 들리지 않았다고 하네요. 학교에서도 친구들도 사귀며 잘 지내고 9년 만에 처음으로 학교생활이 재밌다고 하네요. 아이 표정과 행동이 많이 밝아졌습니다. 치료 종료되고 앞으로의 상황을 더 지켜봐야 겠지만… 밝은 표정의 아이 모습을 볼 수 있어서 감사합니다.

치료 완료 다음날(3/11): 치료하면서 날마다 아이에게 물어보았는데, 사람들(엄마, 친구들) 목소리가 베라르 치료 이전과 다르게 들린다고 합니다. 사실 처음에는 반신반의했고, 치료 1달 후에나 효과가 좀 있을려나 했었습니다.

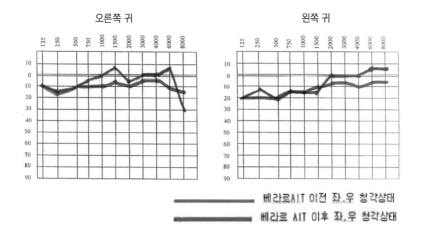

김현수(8세, 남): 전반적(청지각, 집중력, 정서 불안 등) 크게 개선

특 성:

- 운동신경 지체
- 집중 부족, 주의 산만
- 정서 불안, 짜증
- 발음 문제
- 청각 과민(사람 많은 곳, 큰 소리 공포)
- 책 읽을 때 억양, 사성의 오류

베라르AIT 후 변화:

현수는 청각 왜곡이 극도로 심했다. 청각 과민, 정서 불안, 감정 기복이 나타나는 불균형적이고 기복이 심한 문제의 청각이었다. 특정 필터 세팅으로 10일간의 치료 후에 매우 극적인 청각 정상화와, 극적이고 전반적인 개선이 나타났다.

치료 마지막 날(1/18): 경과가 굉장히 좋았습니다. 하루 치료하고도 뭔가가 달라지고 있었고, 편해지는 느낌이 있었습니다. 며칠 진행될수록 점점 더 좋아졌습니다. 마음이 편해져서…. 동생을 챙겨주고 행동이 달라졌습니다. 여러 번 지시해야 했는데 말도 빨리 알아듣고 이해하고, 상황파악도 정확해졌습니다.

죄송하지만 사실, 처음에 음악 듣고 좋아지겠나, 세피하게 생각했습니다. 근래 몇 년간 여러 치료를 해보았지만, 이번에 베라르 치료하고 대만족이고… 감사하구요…. 2차를 동생하고 같이하면 형제 할인도 있나요…? 토마티스, 밸런스브레인 운동, 사회성 프로그램… 모두 했었는데 별 진전이 없었고… 이번에 베라르 하면서 완전 변화되어 정점을 찍었습니다…. 정말 자신이 편해지니까 동생, 가족들과의 관계도 좋아지고 편하게 대하고 있습니다.

요약하면:

- 소리를 정확히 빨리 이해
- 상황파악 정확
- 정서적으로 편해짐, 감정 기복이 없어짐
- 어휘력, 언어 세련도, 논리성 증가
- 기타 등등

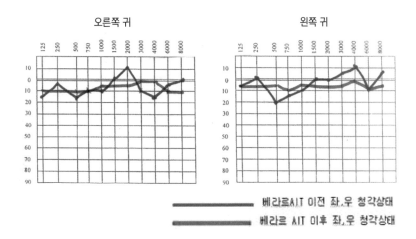

베라르AIT 이전 좌,우 청각상태
베라르 AIT 이후 좌,우 청각상태

김성훈(초등2, 남): 틱 치료, 큰 폭 청각 정상화

특성 및 발달 수준:

- 뇌파검사에서 일부 뇌파 불균형
- 언어 논리성, 어휘력 부족
- 한 번씩 말을 잘못 알아듣고 동문서답
- 청각 과민(큰소리, 사람 많은 곳, 엘리베이터 소리, 다른 사람 못 듣
  는 소리를 들음)
- 틱(음성틱, 운동틱): 4~5년 전부터 틱 발생, 틱약 복용 중에도
  계속

베라르AIT 후 변화:

성훈이는 청각 과민뿐만 아니라, 좌우 청각에 심한 불균형이
있었고, 특히 왼쪽 청각에 청각 왜곡이 극심하였다. 치료 후 매
우 큰 폭으로 극적인 청각 정상화와 더불어, 약물 복용 중에도
4~5년간 지속되던 틱이 거의 사라졌다.

치료 2일째(3/19): 어제보다 오늘 틱 횟수가 많이 줄었네요.^^
치료 3~4일(3/21-3/22): 치료 후 공격성과 짜증이 절정에 이르렀고,
　　　치료 후 2일간 틱을 안 했는데, 다시 틱은 여전한 거 같아요.

치료 8일째(3.25): 짜증과 공격성이 있고 틱은 여전한 거 같아요(짜
증과 공격성은 치료3~4일째 절정에 이른 후, 점진적으로 줄어들어서
며칠 내에 없어짐)…. 아직은 잘 모르지만 집중력은 좋아진 듯해
요. 퍼즐을 전혀 안 하던 아이였는데 하는 거 보면….

치료 마지막 날(3/27): 마지막 날 아침부터는 틱을 거의 안 하게 되
었습니다. 성훈이 틱은 거의 없어졌네요~^^

치료 후 다음날(3/28): 치료 시작 후, 하루 정도는 틱이 많이 줄었고,
2일 정도 틱을 안 해서 아이 아빠하고 정말 신기해하였습니다.
그 후 3~4일간은 틱이 다시 나타났고, 점점 더 줄어서 마지막
날 아침부터는 틱을 거의 안 하게 되었습니다. 말도 좀 더 많아
졌습니다. 저희는 베라르 치료, 앞으로 계속 할 겁니다.

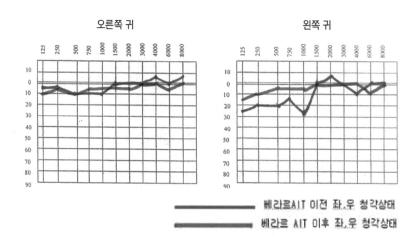

사례 4

김준석(초등1, 남): ADHD약 끊음, 책 읽기 바로 가능, 언어 논
리성 개선

특성:

- 대화의 논리성 부족

- ADHD/ 자폐 성향

- 심한 청각 과민(기차, 방송, 마이크, 음악 외)

- 촉감 예민

- ADHD약 복용 중

베라르AIT 후 변화:

준석이는 치료 시작하면서 3~4년간 복용하던 ADHD약을 끊게 되었다. 치료 중에도, 언어 이해력, 주고받기 대화, 읽기능력의 현저한 개선이 나타났고, 치료 후에도 지속적인 개선이 나타났다.

1차 5일째(12/30): 며칠 치료했는데도 소리를 더 잘 알아들어요…. 할머니와 전화 통화하면서 주고받기식으로 원활하게 논리적 대화가 가능했어요. 할머니께서 베라르AIT 효과가 있다고 하셨어요.

1차 7일째(1/1): 소리 과민에 편해졌어요. 말하면 즉각 대답도 잘합니다(대답을 잘 못했었는데…).

1차 후 약 7개월(8/25): 1차 후 말이 확 트이고, 그때 바로 책 읽기 가능했구요. 기억력이 좋아져서 책을 읽어주면 내용도 이해하고, 답변도 가능합니다. 연산도 가능하고, 집중력도 좋아졌고, 소리 과민증이 완화되었습니다. 하여 2차를 신청하려고 합니다….

2차 1일째, 1차 후 약 8개월(9/15): 1차 후 경과를 말씀드리면, 베라르 치료 후, 준석이에게 더 힘들었던 점은 없었고, 1차 후 바로 읽기가 가능했어요. 집중력이 좋아지고, 말하기가 많이 발달했구요…. 소리 과민성이 많이 완화되었고, 기억력도 좋아져서 책을 읽어주면 내용을 이해하고 줄거리를 말합니다.

2차 3일째 (9/17): 베라르 1차 때 바로 책 읽기가 가능했어요. 그전에는 책을 못 읽어서 안 읽으려 했어요. 그때 이후로 현재까지 책 잘 읽고 이해하고 문장도 이해하고, 연산도 가능합니다.

2차 마지막 날(9/24): 이번에도 베라르 시작하면서 말이 많아졌고, 질문도 많아졌습니다. ADHD약을 안 먹고 치료 다니는 데도 조용하고 날이 갈수록 차분해집니다. 행동 과다, 산만성이 줄어들어서 안정적입니다.

사례 5

윤동수(6세, 남): 상호 작용, 행동 문제, 청지각 문제 개선

특 성:

- 심리적 불안, 공포/ 감정 기복
- 청각 과민
- 대화 가능하나 또래보다 지체
- 상황 이해력 부족, 동문서답

베라르AIT 후 변화:

동수는 주파수 간의 큰 청각 편차, 우울/ 감정 기복/ 정서 불안, 청지각 문제/ 청각 왜곡을 유발하는 청각이었다. 청각검사 결과에 맞춰서 특정 세팅(2,000/ 8,000 필터)으로 치료 후, 청각이 정상화되면서 상호 작용, 행동 문제, 청지각 문제가 개선되었다.

치료 2일째(7/27): 짜증이 더 늘었습니다. 집에서 생활 중의 행동이 더 적극적인데, 원장님, 이 효과가 영구적인가요? 많이 긍정적으로 변했어요. 차분해졌고, 오늘 마트에서도 자기 살 것만 딱 고르고 했어요. 전에 같으면 막 뛰어다니고 했는데….

치료 3일째(7/28): 평소보다 과잉 반응도 있어요. 처음 발화를 배울 때, 통 문장으로 배우면서 억양이 독특했는데 그런 억양이 많이 사라졌어요. 평소 누나와 치고, 따귀 때리고 싸우는 사이인데, 좀 더 친근한 느낌이라고 누나가 말하네요…. 어디를 가도 노는 모습이 부딪치고 싸우는 형태인데 상호 작용적인 놀이로 변했어요….크게 변한 것은 바로 이 점입니다.

치료 4일째(7/29): 현재, 평소 안 좋은 행동들도 모두 나오고 있어요…. 다시 없어질 거라 믿으면서 불안하지는 않아요.

치료 9일째(8/3): 끊임없이 말하고 수다스러워졌어요.

치료 마지막 날(8/4): 이거 하면서 책꽂이에서 모두 끄집어냈던 책들이 이제 다시 제자리로 찾아들어가는 느낌입니다.

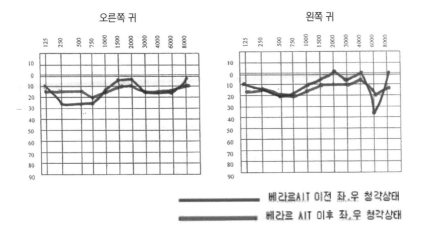

오른쪽 귀   왼쪽 귀

━━━━━━━━ 베라르AIT 이전 좌,우 청각상태
━━━━━━━━ 베라르 AIT 이후 좌,우 청각상태

사례 6

김윤수(22세, 남): 기억, 읽기 이해력 개선, 자신감

특 성:

- ADHD약 복용 중
- 집중 문제/ 청지각 문제/ 기억력 문제

베라르AIT 후 변화:

윤수는 배우가 되겠다는 목표를 정했는데, 외모도 되고 다 좋으
나, 대본을 외우려면 기억력이 중요한데, 기억이 잘 안 돼서 고민
이 많았고, 당시 ADHD약도 복용 중이었다.

치료 전 윤수의 청각 상태는 좌우 청각의 심한 불균형, 전형적인 ADHD/학습 장애, 정서 문제를 유발하는 청각 유형이었다. 말소리 주파수는 잘 듣지 못하고, 특정 소음은 크게 듣고 있었다. 특정 필터 세팅으로 치료를 진행하였고, 치료 시작하면서 점진적으로 기억력, 청지각이 개선되었다. 치료 후에 극적인 청각 정상화도 확인되었다. 앞으로 TV에서 아니라, 영화에서 보게 될 것이라 하였다.

치료 첫날(10/30): 좀 피곤하고 졸리고 하네요, 좋은 점은 동기 부여가 되고, 뭔가 하고 싶은 의욕이 생기네요.

치료 3일째(11/1): 대화도 하고 싶어지고, 기억력이 더 좋아지는 듯합니다.

치료 4일째(11/2): 기억력이 좋아진 것 같습니다.

치료 5일째(11/3): 소리가 더 정확하게 잘 들리고, 기억력이 좋아졌는데, 아직 상대의 말을 듣고 바로 맞받아치기는 잘 안 돼요.

치료 8일째(11/8): 전에는 소리 내어 읽어야만 기억되고 이해되었는데, 이제 소리 내지 않고 읽어도 이해가 돼요. 처음 치료 며칠간은 머리가 지끈거리고 아팠는데, 이제 덜합니다.

치료 마지막 날(11/10): 시끄러운 상황에서 대화해도 방해되지 않고 집중이 되고, 기억력이 더 좋아졌고…. 소리 없이 읽어도 이해되고 기억이 됩니다.

치료 종료 4일 후(11/14): 치료 덕분인지, 왠지 모르게 현재 마음이 편하고 자신감도 생겼어요. 책 읽을 때 문장 이해가 안 갔는데, 이제는 많이 줄었어요….고마워요. 자주 안부 전해드릴게요.

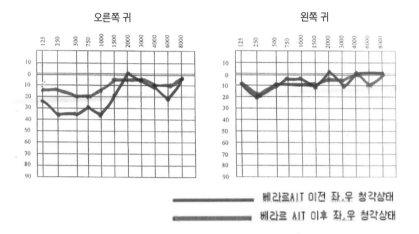

오른쪽 귀 | 왼쪽 귀

베라르AIT 이전 좌.우 청각상태
베라르 AIT 이후 좌.우 청각상태

사례 7

현창수(7세, 남): 말의 길이/ 어휘력 증가, 되묻기 질문 완화

특 성:

- 유치원/ 학원 재중

- 산만함/ 청지각 문제

- 발음 문제/ 어휘력 부족/ 언어 논리성/ 언어 세련도 부족

베라르AIT 후 변화:

창수는 불러도 반응이 느리고, 이야기를 해도 딴생각을 하고, 상황에 맞지 않는 반응과 반복적인 되묻기를 하고, 친구들과 상호 작용이 어렵고, 친구들의 말을 오해하였다.

좌우 청각, 모두 기복이 심하고, 정서 불안과 청각 왜곡이 있었으나, 치료 후에는 청각이 크게 개선되면서, 청지각 문제가 해소되고 어휘력 외 언어적인 세련도, 반복적인 되묻기 질문이 완화되었다.

치료 후: 크게 힘든 일 없이 치료 잘 끝났고, 전보다 이야기나 설명 등을 좀 더 길게 말하고…. 반복적인 되묻기 질문을 많이 하는데 빈도가 줄어든 거 같습니다.

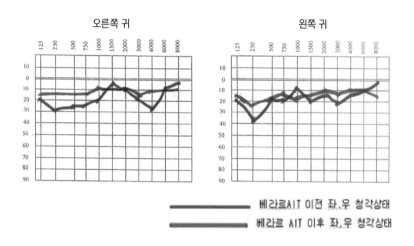

오른쪽 귀 / 왼쪽 귀

베라르AIT 이전 좌.우 청각상태
베라르 AIT 이후 좌.우 청각상태

사례 8

김찬수(6세, 남): 전화 통화, 주고받기 대화 가능

특 성:

- 우수 지능
- 청각 과민/ 소리 공포

- 사회성 부족/ 주고받기 대화 곤란
- 발음 문제/ 언어정보처리 지체
- 대·소근육 운동 지체

베라르AIT 후 변화:

찬수는 지능은 우수하였으나, 산만하고, 사회성이 부족하고, 주고받기 대화가 어려웠다. 부모님이 의사이기 때문에, 두 분 다 병원 일로 시간적인 여유가 없어서 치료 시기를 어렵게 조율하여 치료를 끝냈다. 치료 후에 전화 통화, 주고받기 대화가 가능해졌다. 그 후 찬수 어머니의 소개로 의사 아버지를 둔 여러 아동이 치료를 받게 되었다.

치료 직후(10/30), 어머니 말씀: 찬수 아버지께서 찬수가 달라졌다고, 주고받기 대화를 더 잘하는 것 같다고 하십니다.

치료 후 약 2주(11/16): 찬수 어머니의 소개로 오신 다른 아동의 어머니 말씀에 의하면, 찬수 아버지께서 "지금까지 받아 본 치료 중에서 베라르AIT가 제일 낫다."라고 하셨답니다…. 찬수는 지금 전화 통화도 되고, 주고받기 대화도 잘한다고 합니다.

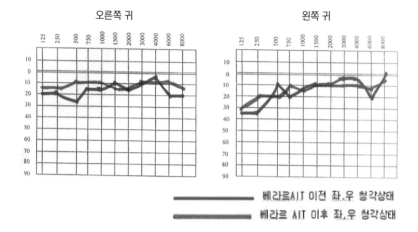

오른쪽 귀 / 왼쪽 귀

━━━━━━ 베라르AIT 이전 좌,우 청각상태
━━━━━━ 베라르 AIT 이후 좌,우 청각상태

사례 9

최진홍(9세 3개월, 남): 발음 개선, 선택적 주의력, 언어, 인지
발전

특성:

- 심한 발음 문제: "딱지"→"쩌찌"로, 알아들을 수 없는 발음
- 심한 감정 기복: 전반적으로 기분이 업된 상태, 순간적으로
  폭발
- 소리 과민: 천둥소리, 폭탄 소리, 드릴 소리 공포

베라르AIT 후 변화:

진홍이는 대화는 가능하였으나 집중력이 부족하여 정확한 청각
검사 데이터는 얻을 수 없었고, 부분적인 검사에서 청각의 과민성

162 베라르AIT, 자녀의 미래를 바꾼다

과 왜곡 여부만 짐작할 수 있었다. 치료 중반부터 발음이 분명해지기 시작하였다. 약 5개월 후에 언어, 인지, 집중력 등 전반적인 발전이 있었다는 연락을 받았다.

1차 5일째(6/20): 다른 것은 아직 잘 모르겠는데 학교 선생님께서 "진홍이가 말하는 것이 좀 더 또렷해졌다."라고 하셨습니다.

1차 후 약 5개월(12/2): 교수님, 많이 바쁘시지요. 진홍이는 많이 좋아졌습니다. 시끄러운 곳에서도 선별적으로 반응하구요, 언어, 인지 쪽도 많이 좋아졌어요. 사춘기 오는 듯한 경향이 좀 보이긴 하지만…. 베라르AIT 하기 전과는 많은 변화가 있었어요. 진홍이를 보고 다른 엄마들도 많이 변했다고들 하고 있습니다….

사례 10

성영석(7세 9개월, 남): 극적 청각 정상화, 읽기 이해력 증가

특 성:
- 청지각 곤란, 학습 장애 성향
- 수학은 잘하는 편인데, 읽기 이해 곤란, 읽고 줄거리 파악 못함.
- 언어 세련도 지체

베라르AIT 후 변화:

영석이는 바로 집 앞에 다른 연구소가 있는데도, 1시간 이상 소요되는 본 연구소를 찾았다. 양쪽 귀 모두에 심한 청각 문제를 가지고 있었다. 자음, 사람 목소리는 잘 못 듣고, 기계 소리 등 소음은 지나치게 크게 들어서 일상대화와 수업내용의 이해에 어려움이 많았다.

특정 세팅으로 치료를 진행하였고, 전반기 5일 치료 후, 청각 검사에서 놀라운 호전, 극적인 변화가 나타났다. 후반기 5일은 필터 세팅이 필요 없게 되었다. 치료 후 청각 검사에서는 더 완전한 정상 청각으로 변화되었다. 그 이후 학교 수업에 잘 따라가고 있고, 학교 적응도 잘한다는 소식들을 듣게 되었다.

1차 5일째(1/20): 동화책을 3분 이상 보지를 않았는데, 어제는 30분간 보고 있는 거예요. 멀리서 찾아온 보람이 있습니다…. 교수님.

1차 마지막 날(1/25): 아버지 말씀에서, "평소보다 말이 많아졌고, 읽기 이해도가 더 좋아졌습니다."

1차 후 3개월(5/9): 영석이는 치료 후, 학교 공부에 보다 자신감을 가지고, 관심도 많아졌습니다. 한 번 더 검사받고, 청각 상태를 확인하고, 치료하도록 연락드리겠습니다.

1차 후 10개월(10/17): 교수님, 그동안 건강하시죠, 영석이는 학교 공부 잘하고, 학교생활도 잘하고 있습니다. 동생도 잘 크고 있구요….

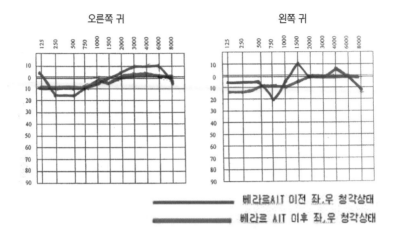

오른쪽 귀   왼쪽 귀

━━━━━ 베라르AIT 이전 좌.우 청각상태
━━━━━ 베라르 AIT 이후 좌.우 청각상태

사례 11

도현식(10세 남): 주고받기 대화, 전화통화 길게, 대화 시 즉각 반응, 대·소근육 활동 발달, 청각 과민 소거, ADHD약 중단

특성:

- ADHD/ 경계선 지능/ 아스퍼거 성향
- 청각 과민(주차장 경보음 외)
- 중이염 자주
- ADHD약 복용 중(강박증약 포함)

베라르AIT 후 변화:

현식이는 ADHD약을 복용 중이었는데, 식사를 잘 못하는 등의

부작용이 있고, 방학 중이기도 하여, 치료 직전에 끊었다.

청각에 문제가 많았고, 청각 특성에 맞추어 특정 세팅으로 치료를 완료 후 많은 변화가 일어났다.

1차 후(3/20): 억양이 부드러워졌고, 대화 시 작은 소리에도 바로 반응합니다. 전화 통화 시, 시간을 재보았는데 6분 넘게 길게 통화를 했습니다. 예전에는 전화 통화를 못 하고 혼잣말만 했는데….

3차 직전(1/5): 1, 2차 후에는 전화 통화, 청각 과민 소거, 발음 교정이 되었습니다.

3차 후(1/14): 더 차분해지고, ADHD약을 12월 30일부터 끊었는데도 차분합니다. 약 안 먹고 기분이 업되면 춤을 추고, 머리 흔들고 주체를 못 하는데…. (베라르AIT) 음악 듣고 신기하네요.

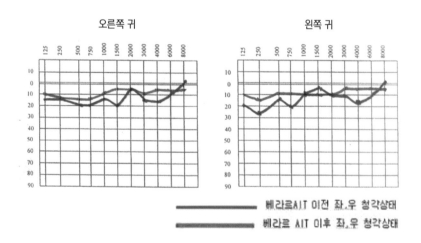

경계선 지능

사례 1

　김병수(23세, 청년): 자기 목소리 울림 현상 소거, 귀 막혀있는 느낌 소거, 말더듬 개선 외

특 성:

　　 – 중이염 자주

　　 – 발음 문제/ 말 속도 비정상

　　 – 말소리(자음)를 잘 못 들음

　　 – 강박증(하루 4~5회 머리 감기)

베라르AIT 후 변화:

　병수는 책 읽을 때 자기 목소리가 울렸고, 귀에 뭔가 막혀있는 느낌, 뭔가 들어있는 느낌이 있어서 빼달라고 이비인후과를 찾아가서 검사하면, 정상이고 문제없다는 말만 듣곤 하였다. 어릴 때부터 귀가 아팠고, 중이염도 자주 앓았다.

　재학 당시에 왕따, 구타의 괴롭힘을 받은 상처와 후유증이 누적

되어서, 치료 직전까지는 가족에게까지 공격성(행동적, 거친 언어적)이 심했다.

첫날 첫 회의 치료 후에도 귀가 맑아지는 느낌이었고, 치료 후 청각의 극적인 변화로 청각 과민, 청지각 문제가 사라지면서 많은 변화가 동반되었다.

치료 후 청각 검사일(12/31): 본인 및 부모님의 말씀에 의하면, 첫날 한번 치료 후, 귀가 맑아지는 느낌이었습니다. 그 후로 책 읽을 때 자기 목소리가 울리던 것이 소거되었고, 귀에서 나던 소리가 소거되고, 귀에 뭔가 들어있는 것 같고, 막혀있는 느낌이 소거되었습니다. 말소리도 깨끗하게 잘 들리고, 말더듬도 거의 없어지고 자연스러워졌고, 마음이 편해졌습니다.

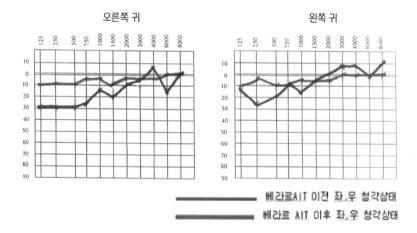

사례 2

윤도현(초등2, 남): 소리 공포 해소, 청각 정상화

특성:

- 청각 왜곡, 소리 변별력 부진(받아쓰기 곤란)
- 소리 과민(음악회, 초인종, 강당 울리는 소리)
- 언어 지체, 화용 언어 문제, 단문으로 대화 가능하나, 중문 복문은 곤란
- 중이염 자주
- 불안 수준 높음
- 뇌전증(드물게)

베라르AIT 후 변화:

도현이는 특정 주파수 소리를 −10dB 이상까지 듣고, 타인은 못 듣는 미세한 소리까지도 듣고 있었다. 인접 주파수와의 심한 청력 역치 차이로 기복과 경사가 큰 왜곡형 청각으로, 정서 불안, 우울, 감정 기복을 유발하는 청각 형태였다. 양쪽 모두 문제의 주파수를 가지고 있었고 문제의 주파수를 제거하는 세팅으로 청각 맞춤형 치료를 진행하였다.

치료 후 TV 소리, 학교 인형극 소리, 강당 울리는 소리 외 공포 대상의 전반적인 소리에 편안해지게 되었고, 청각검사 결과에서도 큰 변화가 확인되었다. 사회성 영역에서 더 진전을 희망하면서 2차까지 진행하였고, 2차 후에도 추가적인 개선이 확인되었다.

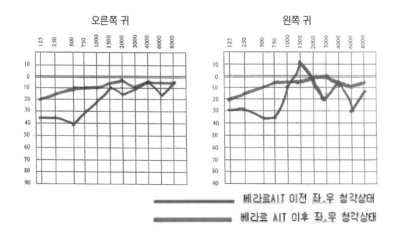

오른쪽 귀   왼쪽 귀

━━━━━ 베라르AIT 이전 좌,우 청각상태
━━━━━ 베라르 AIT 이후 좌,우 청각상태

<사례 3>

민성태(6세 3개월, 남): 언어 발달 급진전, 1년 8개월 도약

특성:

- 청각 왜곡

- 소리 과민(식당, 낯선 장소, TV 소리, 변기물 소리)

- 언어 지체(수용 언어, 표현 언어)

- 언어 세련도 지체, 발음 문제

- 분리불안

베라르AIT 후 변화:

성태는 치료 중이나 치료 직후에는 큰 변화가 보이지 않았으나, 치료 약 2~3개월 후에, 언어검사에서 1년 8개월이나 도약하는

큰 변화가 나타났다. 성태 어머니는 기뻐서 흥분된 목소리로 전화를 하셨다.

치료 중/ 치료 직후: 방향 전환 등 운동 신경이 좋아진 듯하고, 평소보다 산만하고 집중이 덜 되는 듯하고, 언어적 측면의 개선은 아직 잘 모르겠습니다.

치료 약 2~3개월 후(8/23일): 성태 어머니의 전화: "박사님 안녕하세요…. 오늘 언어검사를 받아보았는데, 언어 발달이 급진전하여, 몇 개월 사이에 1년 8개월이나 따라잡았고, 또래 수준과 동일하게 되었습니다. 언어 치료 선생님께서도 이렇게 급속도로 변화하는 경우는 없다고 합니다. 베라르 말고는 한 것이 없었는데…. 사실 죄송하지만, 할 때는 긴가민가 했었습니다…."

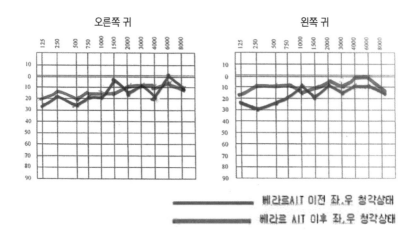

사례 4

김미선(9세, 여): 차멀미 치료, 어휘력 증가, 정서 안정

특성:

- 정서 불안, 감정 기복
- 집중력 부족
- 받아쓰기 오류
- 토마티스 치료

베라르AIT 후 변화:

미선이는 베라르AIT 이전에 토마티스 치료를 6개월 정도 하고 왔으나, 청각검사 결과에서는 청각 왜곡/ 청지각 문제는 치료되지 않았고, 청각 왜곡이 심한 상태였다. 특정 세팅으로 치료를 완료한 후에, 극적으로 청각이 정상화되면서 어휘력, 정서적 안식을 얻었다.

1차 7일째(12/31): 제 느낌일 수 있는데, 집중시간도 길어지고, 감정 기복도 점차 줄고 있는 것 같아요….

1차 완료, 청각 검사일(1/8): 어휘력이 증가되었고, 질문이 아주 많아졌어요, 차멀미 심했는데 거의 없어졌구요. 정서적으로 편해진 것 같아요….

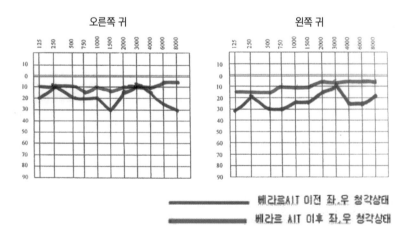

사례 5

한연진(6세, 남): 언어 확장, 문장 완성도 증가, 청각 크게 개선

특성:

- 청각 과민(아기 때부터 이발 기구, 전기 파리채 외)
- 대화 가능하나 친구와 주고받기 대화 부진
- 1:1 수업 가능하나 단체 지시 이해를 잘 못함
- 일부 발음 문제
- 언어 치료
- 그룹 사회성치료

베라르AIT 후 변화:

연진이의 청각 상태는 사람들의 대화 영역, 일상 소리들은 잘 못 듣고, 소음은 상대적으로 확대, 크게 듣는 청각이었다. 그러나 치료 후에 극적인 청각 개선과 언어 발달이 보였다. 치료 진행 중에도 개선을 느낄 수 있었다.

치료 6일째(8/16): 치료 중에도 언어 이해, 어휘력 등이 좋아지는 증상을 느낄 수 있었습니다.

2차 첫날(1/9): 1차 후에 방학 끝나고, 유치원에서 좀 더 산만했습니다. 1차 때, 치료 중에도 언어 이해, 문장으로 말하기 등이 좋아지는 증상을 느낄 수 있었습니다. 이번 2차에서도 기대해보려구 합니다. 개별적인 발음은 잘하게 되었는데, 문장 내에서

일부 발음 문제는 아직 남아있습니다.

2차 마지막 날(1/19): 2차 경과를 기대하겠습니다. 다음 방학 때…
3차 하러 오겠습니다.

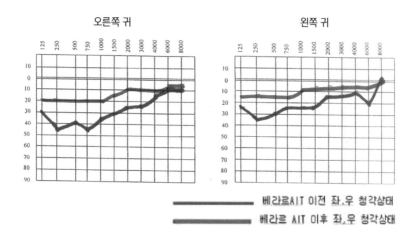

오른쪽 귀 / 왼쪽 귀

베라르AIT 이전 좌.우 청각상태
베라르 AIT 이후 좌.우 청각상태

사례 6

성현철(중1, 남): 언어 논리성, 언어 세련도, 말 이해력 발달

특 성 :

- 학습 부진
- 일부 발음 문제
- 뉴로치료

베라르AIT 후 변화:

현철이는 언어 구사력이 또래보다 부족했으나, 치료 후에 언어
논리성, 언어 세련도, 말 이해력이 증가하였다.

치료 마지막 날(1/19): 치료 전보다 말 이해력, 말하는 것이 많이 늘었습니다. 다음 8월에 한 번 더 할 예정입니다. 연락 주세요….이번에 치료하면서 많이 좋아진 듯합니다. 블로그나 게시판에 게시글을 많이 올리고 홍보를 좀 해주세요…. 다음 여름에 한 번 더 하지요….

1차 후 약 2개월(3/4): 현철이는 말도 좀 더 많이 하고 그렇습니다. 여름 방학에 내려오실 때, 연락 주세요….

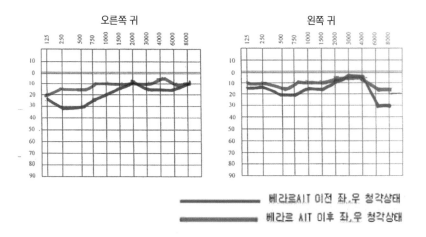

사례 7

권찬우(초등5, 남): 언어 논리성, 말 어휘력, 읽기능력 개선

특 성:

- 언어 지체
- 대화 가능하나 또래보다 언어 구사력 부족

- 청각 과민
- 대·소근육 운동 지체
- 언어 치료 중

베라르AIT 후 변화:

찬우는 청각 검사에서 청각 과민, 언어 지체, 감정 기복, 정서
불안 문제가 확인 되었다. 2,000Hz/ 8,000Hz 필터 세팅 상태로
치료를 진행하였고, 치료 중에도 치료 후에도 어휘력, 논리성의
증가현상이 나타났고, 극적인 청각 정상화도 확인되었다.

1차 마지막 날(8/21): 치료 중반부 경부터 어휘력, 논리성의 증가현상
   이 나타났습니다.
2차 첫날(1/10): 베라르 치료 1차 후에 말하기 어휘력이 증가하였고,
   읽기에서 문장 빼먹는 것도 없어지고 바르게 합니다.

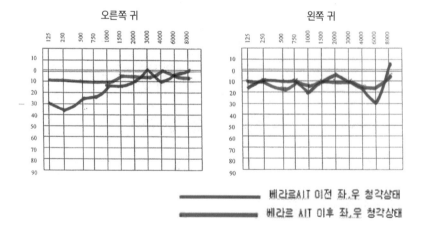

도성한(18세, 남): 청지각 개선, 청각 정상화, 적극적 표현

특 성:

　　– 주의 산만, 과잉 행동

　　– 언어 세련도 부진

　　– 운동 치료/ 뉴로/ 인지 치료 중

베라르AIT 후 변화:

성한이는 주파수 간의 편차가 크고, 기복이 심한 청각으로, 말소리 변별이 곤란한 청각이었으나, 치료 후 청각이 극적으로 정상화되었고 적극적인 의사 표현을 하게 되었다.

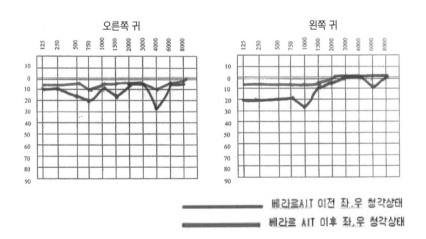

정지훈(10세, 남): 형제 관계 개선, 소리 공포 해소, 언어 이해력/ 표현력 증가

특 성:

- 청각 과민
- 대화 가능하나 세련도, 논리성 부족
- 수업내용 잘 못 알아들음

베라르AIT 후 변화:

지훈이는 좌우 모두 청각 과민을 포함하여 심한 비정상적인 청각이었다. 치료 후에는 청각이 크게 정상화되어서 청각 과민과 청지각 문제가 해소되었고, 주변 소리에 편해지고, 형제간의 관계도 좋아지고, 말 이해력 증가, 어휘력 확장이 나타났다.

치료 마지막 날(1/20): 치료 중에 짜증이 많았으나, 주변 세계에 관심이 많아지고 말 이해력이 좀 더 좋아졌습니다. 어휘력이 확장되고, 말을 좀 더 잘해요. 공부방에서 베라르 하는 것 모르는데 열심히 잘한다고 하네요. 주차장 소리에 민감했던 것도 덜합니다. 동생하고 관계도 좋아졌습니다.

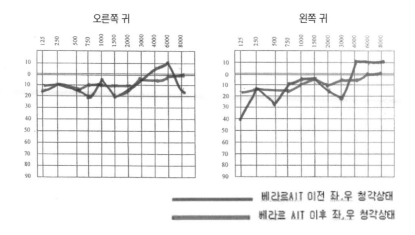

오른쪽 귀 　　　　　　 왼쪽 귀

베라르AIT 이전 좌,우 청각상태
베라르 AIT 이후 좌,우 청각상태

사례 10

임경수(7세, 남): 감정 표현 섬세화, 어휘력 확장 외

특성:

- 주고받기 대화 곤란

- 소리 공포

- 발음 문제

- 언어, 인지, 심리 치료 중

베라르AIT 후 변화:

경수는 청각 과민, 청지각 문제/ 청각 왜곡이 심한 비정상적인 청각이었으나 치료 후에는 청각 형태가 정상화되고, 감정 표현이 더 섬세해지고, 어휘력 확장, 질문도 많아졌다.

치료 중간(1/5): 감정 표현을 상세하게 합니다.

치료 마지막 날(1/9): 감정 표현을 풍부하게 하고, 어휘력이 확장되었습니다. 질문도 많이 합니다.

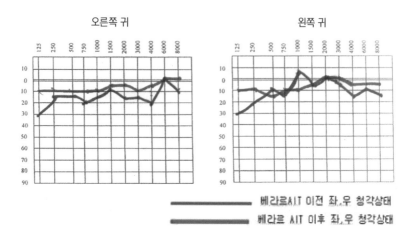

오른쪽 귀   왼쪽 귀

베라르AIT 이전 좌.우 청각상태

베라르 AIT 이후 좌.우 청각상태

사례 11

강우진(7세, 남): 어휘력 월등히 증가, 되묻기 사라짐, 청력 향상

특성:

- 산만함

- 중이염 자주

- 어법, 문법적 실수/ 되묻기

- 또래와 주고받기 대화 미숙

- 언어 세련도 부족

베라르AIT 후 변화:

우진이는 어법과 문법적인 실수를 많이 하였고, 좌우 심한 청각 불균형, 왼쪽 청각의 심한 난청 문제(특히 고주파수 난청)까지 겸하고 있는 비정상적 청각이었다. 치료 후에는 청각 왜곡의 개선과 상당한 청력 향상(왼쪽)이 나타났다.

1차 치료 중에 크게 울고, 감정 표현 과다 등의 다소의 어려움이 있었으나, 치료 후반부에는 평소 안 하던 말들도 하고, 호전반응이 시작되면서 치료 종결 이후 몇 개월 동안 점진적으로 어휘력이 월등히 발전하였다.

우진이는 3까지 치료를 하였고, 치료 후 매번 치료경과가 좋아서 우진이 어머니의 소개를 받았다는 다른 아동들이 많았다.

1차 첫날(5/19): 오전 치료 마치고, 유치원에 선생님 선물로 빵을 사서 갔는데, 크게 울고, 평소보다 감정을 많이 드러냈습니다.

1차 6일째(5/25): 알고 있는 어휘 중에 몇 가지 활용능력이 좋아졌습니다.

1차 7일째(5/26): 피곤한지 오후 치료 오면서 차에서 잠들어서 잠꼬대까지 했습니다. 신기하게 어제 안 하던 말도 했어요(더 타고 싶은데 아쉽다 등). 평소 알고 있는 말 중에서 안 쓰던 말도 하고, 평소 안 하던 말도 합니다.

1차 후 약 7개월(1/14): 1차 후에 어휘력이 월등히 개선되었고 많이 발전하였습니다. 3월에 학교 입학하는데 입학 전에 2차를 하려고 합니다.

2차 첫날(2/10): 1차 후에는 되묻기가 없어지고, 어휘력이 많이 다양화되고 발전되었습니다. 이번에도 기대해봅니다.

3차 첫날(9/3): 1차 때는 의사소통이 가장 많이 발전하였고, 2차 때는 자신의 표현을 더 잘하게 되었습니다. 공상적 표현이 줄고 현실감 있는 의사 표현을 하게 되고, 집중력이 더 좋아졌습니다.

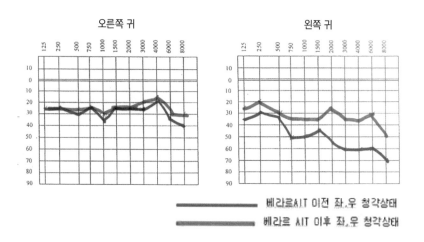

4-3
지적 장애/ 발달 지체

차수민(4세 6개월, 남): 언어, 행동 외 극적/ 지속적 발전

특성:

- 소리 과민, 소리 공포(믹서기, 세탁기, 드릴 등)

- 매일 1~2회 소리 지르기

- 겁이 많고 심한 불안

- 수용 언어 거의 가능, 지시 따르기 행동이 느림

- 표현 언어는 요구사항만 2단어 연결

- 소근육 활동 곤란, 연필 잡고 마구잡이 그림 그리기

베라르AIT 후 변화:

수민이는 여러 번 치료를 하였는데, 할 때마다 반응이 조금씩 다르게 나타났다. 과거 기록지들을 살펴보면서 이 정도면 극적인 발전이고, 도약이라 생각되었다. 1차(4세 6개월) 이후 행동, 언어에 상당한 개선이 있었고, 2차(5세 2개월) 후, 3개월 경에 전반적으로

한 단계 격상되었다.

3차(5세 9개월) 후에는 행동, 시지각 문제, 쓰기 기능이 개선되었다. 4차(6세 3개월) 때는 말이 많고 일시적으로 불안 증상을 보였으나, 행동, 학습, 소근육, 시지각, 집중 영역이 개선되었고, 대화 가능하고 전화도 받을 수 있게 되었다. 학습 면에서는 받아쓰기는 좀 어려우나, 단어 읽기, 보고 쓰기, 수 개념도 가능하게 되었다.

1차 후 1개월(9/18): 치료실 선생님들이 "수민이 뭐했어요? 무슨 치료 받았어요?"라고 물어봅니다.

2차 3일째(3/17일): 평소 안 쓰던 동사 몇 개를 사용했습니다(…이 흐른다 등)

2차 후 약 10일(4/5): 자발어가 몇 개 더 늘었고, 피곤해하고 평소보다 잠이 적습니다.

2차 후 약 3개월(6/30): 수민이는 치료실마다 칭찬 많이 듣고 있어요, 자연스러운 대화는 아직 아니지만…. 베라르를 빨리 하고 싶네요^^몇 달 후 뵐게요.

2차 후 약 5개월(8월): 베라르 2차 끝나고 3개월쯤부터 물꼬가 트였어요. 치료 센터마다 말하네요.

3차 직전(10/25): 3차 하러 왔을 때 어머니 말씀: 4어문이 가능하며, 예전에 동생에게 맞았으나 이제는 동생이 괴롭히면 동생을 때려서, 동생이 못 당합니다.
읽기("피아노" "GS칼텍스", "SK주유소" 등)는 가능한데 통 문자 이미지로 인식하는 듯합니다.

4차 직전(4/17), 4차 하러 왔을 때 어머니 말씀: 3차 후 트램펄린 뛰기가 가능해졌습니다. 떼쓰기 등의 행동이 많이 개선되었구요, 옛날보다 행동 따라 하기, 말하기가 많이 좋아졌습니다.

ㄱ, ㄴ, ㄷ, …, ㅎ까지 쓸 수 있고, 자모 관계도 알고, 시지각 문제도 좋아졌어요. 예전에는 글씨 위에 덧쓰기만 가능하였으나 보고 쓰기도 가능합니다.

4차 6일째(4/24): 23일 학습지 선생님이 집중력이 좋아졌다고 했습니다. 심리치료 시간에는 창밖을 지나가는 아저씨를 보고 "아저씨, 안녕하세요?"라고 말했다 합니다.

4차 7일째(4/25): 평소보다 심하게 방방 뛰고 행동이 과합니다. 1, 2, 3차 때와 반응이 다릅니다. 할 때마다 조금씩 다른 반응이 나타납니다.

4차 8일째(4/26): 소근육 능력이 좋아진 듯합니다. 전에 못하던 작은 단추도 직접 채우고, 집중도 좋아진 듯한데, 평소보다 많이 산만합니다(집에서도 백화점에서도).

4차 9일째(4/27): 많이 산만하지만 집중력은 좋아진 듯합니다. 퍼즐 12조각도 어려웠는데 24조각도 가능합니다.

4차 후 6개월(10/9): 교수님, 안녕하세요^^…. 잘 지내고 계시죠? 내년이 정말 걱정되네요. 시간도 참 빠르구요, 수민이 베라르 11월 맞춰주세요. 요즘 청각 예민이 아주 심해졌어요…. 산소 치료를 해서 그런지 잘 모르겠어요…. 7~8월 산소 치료 했는데 8월 초부터 예민, 산만, 불안해했어요. 지금은 좀 나은데 소리가 많이 민감하네요. 감통 선생님은 산소 영향 같다고 하더라구요.

5차 직전 (10/24), 5차 하러 왔을 때 어머니 말씀: 대화 가능하고 전화도 받을 수 있고, 받아쓰기는 좀 어려우나, 학습 면에서는 단어 읽기, 보고 쓰기, 수 개념도 가능했습니다.

6차 3일째(11/10): 어제 집에서 감정 폭발해서 저한테 많이 맞았습니다.

6차 4일째(11/11): 어제 집에 가면서 차 돌린다고 감정 폭발하고, 오늘 아침에 옷 입을 때 마음에 안 든다고 폭발했습니다.

6차 후 약 3~4개월(3/19): 교수님, 안녕하세요. 수민이가 약 3주 전부터 많이 밝아졌어요. 강박적인 것도 줄고 얼굴도 환해지고…. 정말 감사해요 그룹놀이 치료 1주일에 한 번 만나는 선생님이 1주일 사이에 정말 좋아졌다고 따로 전화를 주시며 기뻐하셨어요. 염려해주시는 모든 분 덕분인 것 같아요…. 또 연락드릴게요.

6차 후 약 7개월(6/9): 학교 잘 적응하고 있는 편입니다. 부정적인 행동이 완전히 없어진 것은 아니지만….

6차 후 약 2년 3개월(2/15): 수민이가 예전에 베라르 할 때가 가장 편안한 시기였던 것 같습니다. 다시 전화 드리겠습니다.

사례 2

정경수(5세 2개월, 남): 표현 언어의 다양화 및 세련화 외 지속적 발전

특성:

- 청각 과민(기계음, 자동차 벨, 핸드폰, 전화기, 엘리베이터 소리)
- 사회성 지체: 친구에게 호감 있으나 언어 지체로 따돌림, 감정 기복
- 표현 언어: 요구 위주로 2~3단어 연결

베라르AIT 후 변화:

경수는 1차 치료 후 자신의 생각을 표현하고, 감탄사와 의문사를 이용하고, 문장을 길게 말하고, 시제도 어느 정도 이해하였다. 여러 번의 치료를 하였고, 할 때마다 지속해서 새로운 발전이 나타나곤 하였다.

1차 2일째(1/4): 언어 이해력이 증가되었습니다. 물어보면 대답 가능합니다.

1차 3일째(1/5): 묻고 답하기를 더하고, 말도 많이 늘었습니다.

1차 4일째(1/6): 전에는 못하던 블록 쌓기도 아주 정교하게 잘합니다.

2차 첫날(6/21): 1차 후에, 산만, 과잉 행동이 평소보다 심했으나 1달 이후 없어지고 전반적으로 좋아졌습니다.

2차 5일째(6/25): 말이 좀 더 유창해지고 목소리가 바뀌었습니다.

2차 후 약 2개월(8/20): 글씨를 잘 쓰게 되었습니다.

2차 약 4개월 (10/12일): … 경수는 지금 하루하루 달라지고 있다고 선생님들 기대가 큽니다. 베라르 3차 가게 되면 연락 드릴게요.

3차 직전, 3차 하러 왔을 때(2/18): 2차 후 약 2개월 경부터 글씨를 잘 쓰게 되었습니다.

4차 9일째(7/31): 말을 더 야무지게 하는 듯합니다.

5차 3일째(2/6): … 치료실 선생님께서 베라르 치료하는 아이들은 뉴로 등의 다른 치료 아이들과 비교하면, 다른 치료는 거의 수평적 개선이 있는데, 베라르 치료는 급진적 수직적 개선이 있다고 하십니다….

5차 6일째(2/8): 아침에 속이 안 좋아서 토할 것 같았는데 변 보고 약 먹고 괜찮아졌습니다.

5차 후 약 4개월(6/9): 담임 잘 만나서 학교 잘 다니고 있습니다. 학교 가는 것 힘들어하지 않네요.

6차 시작(1/12~): 6차 이후 잘 지내고 있다는 소식은 다른 어머니들 통해서 들은 적이 있다.

사례 3

안대형(4세 5개월, 남): 폭발적 언어 발전, 발음 개선, 전반적 급속 발전

특성:

- 집에서는 엄마에게 심하게 집착하나, 집 밖에 나오면 다른 사람에게 가버림
- 청각 과민: 이발 기계, 믹서기, 안마기, 아파트 방송소리

- 발음 문제: ㅅ ㅈ ㄹ 발음이 잘 안 됨
- 4세부터 발화 시작, 단어만 말함

베라르AIT 후 변화:

대형이는 치료를 할 때마다 발전적인 변화가 나타나서 8차까지 치료를 진행하였다. 1차 당시에는 장애전담 어린이집에 있었고, 2차 후에는 일반 어린이집으로 옮겼다. 1차 시작 당시에 단어로만 말하다가 치료를 하면서 문장이 나왔으며, 치료 후 말이 폭발적으로 발전되었다.

1차 이후 2~3주는 산만하였으나, 3개월 후부터 언어 확장이 급속도로 일어났다. 말을 빠르게 알아듣고 발음도 좋아졌다.

2차 후 연필 잡는 힘이 좋아지고 쓰기, 그리기가 능숙하게 되었다. 2차 시작 당시 연필을 못 잡고, 힘이 없고 가늘게만 그렸다.

1차 당시 4세 5개월

1차 3일째(2/1): 저녁부터 고집이 세지고, 반항적이고, 고함을 질렀습니다.

1차 7일째(2/6): 고집이 줄어들었고, 평소보다 산만합니다. 원래 많이 산만했으나 치료하면서 더 산만해졌습니다. 발음(ㅎ, ㅅ, ㅈ, ㄹ)이 좋아지고 또렷해졌습니다.

자발어가 많이 나타납니다. 주말에만 만나는 아빠에게, 자발적으로 "아빠 다녀오세요."라고 말했습니다.

1차 후 약 3개월(4/4): 1차 끝난 후 3~4주간(1달 정도) 더 많이 산만
했구요. 그 이후 서서히 줄어들었습니다. 1차 끝난 주말부터
자연적 습득 언어들이 자연스럽게 나왔습니다(언어 치료실에서
배운 언어는 기계적이지만…). 2월 말에 6개월마다 정기적으로
다니는 소아정신과에 갔는데 많이 좋아졌다고 하셨습니다.
2학기부터 일반 어린이집으로 옮길 예정입니다.

2차 당시 4세 11개월

2차 2일째(8/7): 밤부터 많이 산만해졌습니다. 1차 때보다 더 산만
합니다.

2차 8일 째(8/14): 친구에게 관심 보이고 "누구 왜 안 와요?"라고 질
문도 합니다.

2차 후 2개월 반(10/30일): "9월부터 일반 어린이집으로 옮겼고, 처
음에는 말썽부리고 잠투정, 친구 때리고 문제가 있었는데,
10월 중순부터 180도 변하여 갑자기 완전 좋아졌습니다. 친
구하고 너무 잘 지내고, 문장력 정말 좋고, 문장력이 장난이
아닙니다. 갑자기 말이 폭발적으로 많아지면서 말을 빨리하려
다가 첫 단어를 더듬은 적도 있습니다.

작년에 처음 1차 가기 전에, 절망적이었는데 베라르 하고 나서
빛이 보이기 시작하였습니다. 10월부터 한글을 문장으로 읽고
(단어로만 읽었는데), 지난주부터 그림을 창의적으로 그리기 시
작했습니다. 연필 잡고 쓰기에서 힘이 좋아지고 잘 쓰게 되었
습니다.

3차 당시 5세 5개월

3차 5일째(2/16): 말 주고받기 반응이 많아졌습니다. 말을 빠르게 되받아치기도 합니다.

("너… 하면 되나?" 했을 때, "내가 안 그랬는데, 뭐 아닌데?" 등)

3차 6일째(2/17): 많이 산만해졌습니다.

3차 7~10일째(2/18~20): 더 산만했다가 중단되었습니다.

4차 직전 말씀:

1차 이전에는 고음 상태였으나 1차 후, 3개월 정도에 자폐 특유의 고음이 없어졌고, 2차 후 2개월 경부터 문장력이 좋고, 말이 폭발적으로 많아졌고, 3차 후 언어 치료적인 높낮이 없는 말투가 없어졌고, 특히 집중력이 많이 개선되었고, 사회성이 향상되고, 어휘력이 많아졌고, 고집이 세졌습니다.

눈맞춤은 아직 완전히 자연스럽지는 못해요…. 자신이 말할 때는 잘 맞추나 상대의 말을 들을 때는 잘 안 됩니다. 그전에는 한글 단어만 대충 읽었으나 문장을 읽고 쓰고, 학습이 확실히 많이 좋아졌습니다….

진짜 많이 좋아진 점은 전에는 홈플러스 가서 원하는 것을 모두 요구하고, 안 사주면 드러눕고 통제 불능이었는데, 지금은 꼭 사야 할 것만 물어보고 2~3개 선택해서 사고, 손잡고 다닙니다….

4차 3일째(8/21): 눈 맞춤이 길어졌습니다. 3~4초간 불안하게 눈맞춤이 되었는데, 1부터 10까지 셀 때까지 자연스럽게 눈맞춤이 됩니다. 아빠는 "베라르 1달에 한 번씩 하면 안 되나."라고 합니다. 빨리 더 좋아지고 싶어서요….

4차 4일째(8/22): 발음이 더 좋아졌고, 말이 더 논리적이고 많아졌습니다(누나가 혼나면, "그래 잘못 했네, 잘해야지" 등…) 베라르는 할 때마다 표가 나고 달라집니다….

4차 후 약 6개월(2/17): 대형이 베라르 처음 시작할 때는 이것으로 안 되면 이민 가려고 했는데, 많이 좋아졌습니다. 셈하기는 10 이하는 암산으로 단번에 하고, 10 이상은 조금씩 생각해서 가능해요. 일기도 쓰고, 책(책이라면서)도 나름 만들고… 많이 좋아졌습니다. 5차는 2/21일부터 시작으로 예약하겠습니다.

5차 직전, 5차 첫날(2/21): 지난여름까지는 주고받기 대화에서 상대 말에 주의를 못 기울였는데, 이제 상대의 말을 들으면서 대화하고 사회성도 좋아졌습니다. 자기 소개글도 사진 넣어서 만들었어요(나는 ○○○입니다…. 나는 어른이 될 거예요. 매일 우유를 먹고 있어요….)

5차 5일째(5/26): 배가 아파서 병원에 갔는데, 가스가 차 있다고 합니다.

5차 약 3개월(6/9): 6차는 여름에 8월 15일 끼워서 아침 일찍과 저녁 늦게로 예약 부탁합니다.

6차 3일째(8/17): 대형이는 베라르 할 때마다 기분이 업됩니다.

6차 후 약 3개월(12/3): 교수님, 안부 차 전화했어요…. 2년 반 만에 만난 엄마가 전에 베라르 같이 하자고 할 때 반신반의했는데… 대형이 보고 미라클(기적)이라고 해요…. 지금은 지난여름보다 완전히 더 발전되었습니다. 작년 여름부터 모든 특수 치료는 중단했습니다.

언어발전: "아, 잘 잤습니다…, 엄마 오늘은 꿈을 안 꿔서 잘 잤

어요…. 오늘 아침은 뭐 먹어요, 저녁에는요? 그거 말고 다른 것 먹고 싶은데…." 일기도 느낌까지 넣어서 잘 쓰고, 발음도 많이 좋아졌어요….

6차 후 약 7~8개월(4/2): 언어 치료실 선생님이 아이들이 베라르 갔다 오면, 못 나가던 진도가 나갈 수 있게 된다고… 베라르 치료를 권유합니다…. 초등 방학이 7월 중순부터 예정이므로 가능하면 방학 전반기에 베라르 7차를 하고 싶습니다. 베라르 하면 산만함이 더하기 때문에 등교 직전보다는 전반기에 하려고 합니다.

7차 며칠 전(8/5): 입학하고 스트레스받아서 원래 있던 ADHD 성향이 더 심해져서, 3개월 전부터 약을 먹으면서 소리에 너무 민감해졌습니다. 예전에도 싫어하는 소리가 있었으나, 이제는 공포감이 생겼고, 병원 의사는 약물 부작용(식욕저하, 소리 공포 등) 중의 하나라 합니다.

7차 8일째(8/14): 언어 치료실 선생님이 ○○○, ○○○, ○○○ 3명의 베라르 후의 변화는 변할 시기가 되어서 그렇다고 생각했는데, ○○○, ○○○ 2명의 변화 보고 베라르에 감동 먹었다고 하세요….

사례 4

김지수(5세 4개월, 남): 발음 개선, 편식 개선, 표현력, 집중력 증가

특성:

- 약간 산만
- 기억력 좋음
- 발음 문제
- 수용 언어: 생활 중 언어 거의 가능
- 표현 언어: 문장으로 가능, 행동으로도 함
- 사회성: 친구 좋아하나 발음 문제로 친구들이 말을 못 알아 듣고 놀아주지 않아서 스트레스받고 친구를 꼬집음

베라르AIT 후 변화:

지수는 1차 후 언어, 집중력이 증가하였고, 2차를 하는 동안 일시적 반항, 공격성이 있었는데 마지막 날은 증상이 호전되었다.

1차 2일째(5/18): 어린이집, 언어 치료실, 조기 교실에서 평소보다 잘했다 합니다.

1차 3일째(5/19): 아침에 "포크" 발음을 정확히 했습니다. 어린이집에서 많이 산만해지고 친구 꼬집고, 공격적이었습니다.

1차 6일째(5/24): 2일 전부터 식욕이 더 좋아졌어요. 평소에 안 먹던 고기도 씹어서 먹었습니다. 평소에 씹기를 싫어했습니다.

1차 후 약 5개월(10/24): 지수는 말도 늘었고, 집중 시간도 길어지고, 차분해졌습니다.

어린이집, 치료실에서 많이 좋아졌다고 합니다. 12월말에 다시

치료할 예정입니다.

1차 후 약 6개월 반(12/9): 많이 좋아졌습니다. 1차 후 3개월 정도부터 차분해지고 집중도 더 잘하고 있습니다.

2차 5일째(1/13일): 저녁부터 기분이 업되어서 엄마에게 반항적이었습니다.

2차 마지막 날(2/19): 치료실 수업은 잘했습니다.

사례 5

정은찬(11세, 남): 수면 문제 해소, 언어 이해 빨라짐

특 성:

- 청각 과민

- 대화 가능하나 언어 논리성 부족

- 중이염 자주

- 언어 치료/ 인지 치료/ 놀이 치료/ 승마

- 우울 불안

- 수면 문제

베라르AIT 후 변화:

은찬이는 청각검사 결과 우울, 감정 기복, 청각 왜곡의 소지가 심한 청각이었다. 검사 결과에 따른 특정 필터 세팅으로 치료를

진행하였고, 치료 후에는 청각이 크게 정상화되면서 수면 문제, 청지각 개선 외에 전반적인 발전이 나타났다.

- 1차 4일째(11/30): 잠들기가 힘들었는데, 잠을 잘 잡니다. 이게 제일 큰 변화입니다.
- 1차 5일째(12/1): 언어 치료 선생님이 말을 빨리 알아듣고, 많이 좋아졌다고 합니다.
- 1차 6일째(12/6): 고집이 더 세지고, 자기주장이 강하고, 강하게 저항하기도 합니다.
- 1차 마지막 날(12/8): 치료 후 변화가 있네요. 아이 아빠도 변화를 느끼고 있습니다.
- 1차 후 약 1개월 반(1/22): 다른 어머니 말씀: "은찬이가 치료 후 많이 좋아졌고… 교수님도 좋아질 것을 예상하셨다던데요…. (검사지 참조)"

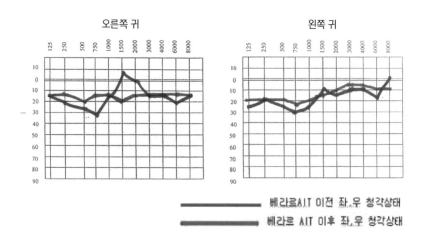

박성수(4세 1월, 남): 발음 개선, 언어 폭발

특 성:

- 발음 문제가 심하여 주변 사람들이 알아들을 수 없음
- 청각 예민(청소기, 드라이기 외)

베라르AIT 후 변화:

성수는 발음 문제가 특히 심하여 알아들을 수 없는 발성을 하였다. 어머니까지도 대부분의 말을 무슨 말인지 알아듣지를 못하셨다. 1차 후에 몇 주 동안의 힘든 과정도 있었다. 다니던 어린이집 교사가 "니가 나갈래, 내가 나갈까?" 할 정도였다. 그 이후 발음 문제도 개선되고, 언어 표현이 급속히 증가되었다.

1차 3일째 날(1/20): 침대에서 소변 실수를 하였습니다. 평소에 없던 일입니다…. 오늘 저녁, 요리하면서 손 씻고 오라고 했더니 뛰어가서 손을 씻고 왔습니다. 이것도 평소에 없던 일입니다.

1차 9일째(1/24): 발음이 좋아진 듯합니다…. 조사도 사용합니다. 아빠가 오토바이를 타고 다니는데, 오늘 "아빠는 오토바이."라고 조사를 사용했습니다.

1차 마지막 날(1/25): 마트에서 기차 세트를 골라와서 "계산해."라고

말을 했습니다.

2차 첫날(8/12): 1차 후 2개월간 많이 산만하고 힘들었습니다. 그 이후 급속도로 언어 표현이 늘었습니다. 발음 문제는 아직도 남아있지만 많이 개선되었습니다.

평소에 '터닝메카드'를 "꼬꼬까끼."라고 발음했는데, 베라르 1차 후에 "터닝메카드."라고 발음하였습니다. 소리가 그렇게 다르게 들렸었나 봅니다.

2차 2일째(8/13): 평소보다 조금 더 산만합니다.

2차 4일째(8/15): 치료 끝나고 나가면 좀 더 기분이 업됩니다.

3차 첫날(1/10): 2차 후에도 약 1개월 소리 지르고 힘들었습니다. 그 이후 언어, 인지 발달이 나타났습니다. 이번 3차도 기대하고 있습니다.

자폐성/ 발달 장애

사례 1

민정수(초등1, 남): 말과 문장 완성도 급개선, 공격성, 감정 폭발 완화

특 성:

- 자폐 성향, ADHD 성향
- 감정 기복, 불안, 강박증
- 행동 문제, 공격성, 감정 폭발

베라르AIT 후 변화:

정수는 "지금까지 해본 치료 중에서 베라르AIT가 제일 낫다." 라는 의과대학 선, 후배 관계인 다른 부모님의 소개로 치료받게 되었다.

치료 7일째(11/22): … 학교 다녀와서 1회, 저녁에 잠자기 전에 1회, 이렇게 치료하고 있습니다. 어제, 그저께는 들으면서 입으로

소리를 내고 흥얼거리기도 합니다. 다른 치료는 일부 쉬고 있고요…. 공격성이 완화되고 전체적으로 안정적인 듯합니다.

치료 7~8일째(11/22~23): 치료하면서 기분이 좋아졌습니다.

1차 후 3일째(11/28): 치료 5~6일 째부터 전반적으로 안정적이고, 행동 문제가 완화되는 추세로 전환되었습니다.

말, 문장 완성도가 확실히 늘었고, 문장이 자연스럽습니다. '왜'에 대한 대답도 가능해졌습니다. "왜, 우산을 써요?"라고 물어보면 "비가 와서요."라고 대답을 해요.

공격성, 감정 폭발이 더 완화되었고, 꼬집는 행동도 많이 약화되었습니다. 지시 따르기가 더 잘되고, 말 듣고 이해하는 것도 더 잘합니다. 강박증이 심했는데(손톱 물어뜯기) 약화되었고 기분이 좋아졌습니다.

사례 2

성민수(만 7세 2개월, 남): 그림 세련도 극적 변화, 극적인 청각 정상화 외

특성:

- 대화 가능하나 또래에 비하여 세련도 부족
- 집중력 부족
- 청각 과민(믹서기, 드라이기, 영화관의 큰 소리 외)

베라르AIT 후 변화:

민수는 약 1년 전에 다른 기관에서 치료를 받은 적이 있었다. 치료 직전 청각 검사에서 청각이 심하게 깨어진 상태였다. 심한 청각 왜곡과 우울, 감정 기복, 정서 행동 장애, 학습 장애를 유발하는 청각이었다.

청각 상태에 맞춰서 전, 후반기 모두 2,000Hz, 8,000Hz에 필터 세팅 상태로 치료가 진행되었다. 치료 시작 후 어휘력, 집중력 등의 변화를 보이기 시작하였고, 가장 큰 변화는 그림 세련도의 극적인 발전과 극적인 청각 정상화였다(그림/ 청각 검사지 참조).

치료 3일째(9/14): 아침에 컴퓨터 게임을 못하게 하니 평소보다 짜증을 많이 내고, "엄마 미워!"라고 말했습니다. 평소에 '미워.'라는 말을 안 했습니다.

치료 4일째(9/15): 처음으로 색칠한 그림을 그렸습니다. 전에는 선, 동그라미만 그렸습니다.

치료 6일째(9/17): 텐트, 아파트, 집 그림을 그리고 예쁘게 색칠을 했습니다. 비 오는 그림, 번개, 빗물도 그리고 설명도 합니다.

치료 10일째(9/21): 아버지 말씀에 의하면, 평소 안 하던 말도 하고, 이름 부르면 매번 대답을 해요. 전에는 크게 불러도 어쩌다가 한 번씩만 대답을 했었는데…. 무엇보다 그림에서 가장 큰 변화가 있어요. 지금까지는 선, 동그라미만 그렸는데 이제는 아파트, 집 등, 다양하게 그리고 색칠도 하고, 그림 설명도 자세하게 해요, 전에는 설명을 못 하고 그냥 "그렸어요"라고만 말했는데요….

그림 변화/ 청각 변화

그림 변화↓

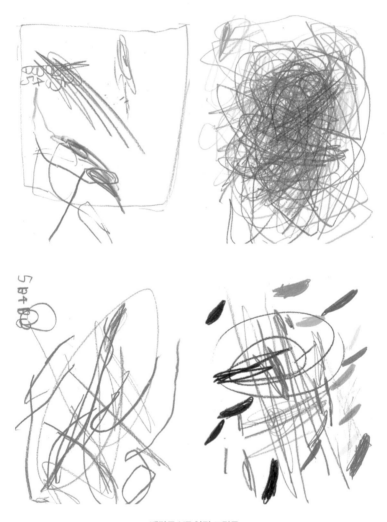

베라르AIT 이전 그림들

베라르AIT 이후 그림들

청각변화↓

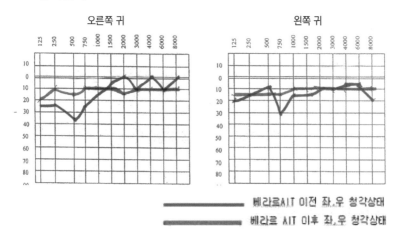

사례 3

김성훈(8세, 남): 수용 언어/ 표현 언어, 전 영역 상당한 발전

특 성:

- 손바닥 보기, 머리 때리기, 심한 코 파기, 학교 입학 후에는 흙 집어먹기, 연필 뜯어먹기, 손 빨기
- 지시 따르기 곤란, 반응 지체, 말을 잘못 이해, 빈번한 반복적 지시 필요
- 소리 변별 문제: 배경 소음이 있을 때/ 유사한 소리 나는 단어일 때 이해 곤란, 청각을 통한 학습 곤란
- 표현 언어 곤란, 짧고 일관성 없는 말
- 청각 과민: 어떤 소리에 짜증, 고통스러워함
- 급할 때는 영어 사용(해외에서 4세경에 한국에 입국)

베라르AIT 후 변화:

성훈이는 치료 시작 후 특히 언어정보처리 속도가 빨라졌다. 말 이해와 지시 따르기가 즉각적으로 가능하였고, 다른 영역에서도 발전이 보였다. 경기도에서 방학 때 대구로 와서 3차까지 치료하였다.

1차 4일째(5/28): 말을 좀 더 빨리 알아듣고, 지시 따르기가 빨라지고, 전에 못 먹던 김밥도 6개나 먹었습니다.

1차 5일째(5/29): 확실히 대답을 빨리 합니다. 동생 보고 경비 아저씨께 인사하라고 했는데, 평소 무관심하던 아이가 직접 가서 인사했습니다. 엄마가 몇 살이야 하면 "8살."이라 대답했으나, 외삼촌이 몇 살이야 하면 대답 못했는데, 바로 "8살."이라 대답했습니다.

1차 6일째(6/1): 감정 표현이 분명해졌습니다. 전에는 김밥을 뜯어서 먹었으나 통째로 먹었습니다. 아빠가 저녁에 PC를 못하게 하니 소리 내어 울고, 눈물 흘리고 "엄마 어디 있어요."라고 했습니다. 전에는 안 하던 행동과 말입니다.

1차 9일째(6/4): "팝송, 팝송 들으러 가자."라고 문장으로 표현하고, 발음이 더 정확해졌습니다. 언어 이해력(수학 등) 증가, 식당(가족 외식)에서 게임을 못하게 하면 예전에는 순종 잘했으나, 길게 크게 소리 지르고 반항하고 울기도 하였습니다(그전까지는 말 잘 듣고, 신사적이었습니다).

2차(7/19~7/28): 2차 후 약 10개월부터 글씨체의 변화가 있었다며, 3차 직전에 일기장을 들고 오셨습니다. 글 쓰는 힘(필압이 약했는데)이 좋아지고 반듯해진 정자체로 변화되었습니다.

제목: 피아노

오늘은 날씨가 하늘은 파랗고 바람이 불었습니다.
나뭇잎을 밟게 되어서 조금 느껴졌습니다.
학교를 지나와서 오후4시에 피아노 학원에 갔습니다.
거기에서 피아노도 치고 선생님과 음악 공부도 했습니다.
마칠때 엄마가 동생과 함께 데리러 오셨습니다.
돌아오다가 아파트 놀이터에서 동생과 함께 놀았습니다.
집에서 간식을 먹고 공부를 했습니다.
나는 집에 피아노가 있었으면 좋겠습니다.
집에서도 피아노를 치고 싶습니다.

2차 이전의 글씨

제목: 홈플러스

오늘은 아침부터 더웠습니다.
아침에 아빠랑 산에 가기로 했지만 못갔습니다.
늦은 아침을 먹고 공부를 했습니다.
오후에는 아빠와 함께 홈플러스에 갔습니다.
내 반바지, 파자마, 새들 그리고 먹을거리를 샀습니다.
그리고 저녁으로 탕수육과 짜장면을 먹었습니다.
후식으로 사과도 먹었습니다.
집으로 돌아와서 컴퓨터게임을 했습니다.

2차 이후의 글씨

2차 후 3차 직전: 표현 언어가 좀 더 늘어서 정확하게 단어 수준으로 표현이 가능해졌고, 몇 개 정도는 2단어도 연결할 수 있습니다. 말 알아듣기도 더 잘하고, 아빠 오시면 엄마와 있었던 일을 손가락질하면서 일러주기도 합니다. 일기 쓰기, 받아쓰기에서 듣고 기억해서 쓰는 것을 더욱 잘하고, 일기 쓰기와 받아쓰기가 훨씬 쉬워졌고, 집중력, 기억력이 좋아졌습니다.

3차 진행 중(7/25~8/4): 기분이 업된 상태였고, 31일 날은 엄마가 경기도 다녀왔는데, 달려와서 머리 박았다는 의사 표현을 했습니다. 전에는 이유를 말하지 못하고, 단순히 "싫어"라고만 말했는데. 이유를 말합니다. 할머니가 밤에 공원 돌러 가자고 했을 때 "밤."이라고 말했습니다.

사례 4

이현석(만 5세 7개월, 남): 주고받기 일상대화 가능, 학습 외 전반적인 발전

특 성:

- 한글 읽기 가능, 쓰기는 전혀 안 됨
- 수 읽기 가능, 수 개념 곤란
- 기억력 양호, 사회성 심한 지체
- 소심, 불안, 긴장
- 차멀미 심함

- 5세까지 호명 반응 안 됨
- 언어 치료, 밸런스브레인, 그룹 치료

베라르AIT 후 변화:

현석이는 여러 번 치료를 진행하였고, 할 때마다 지속적이고 점진적인 발전들이 나타났다.

1차 후 첫날(3/7): 평소보다 힘든 점은 없이 잘했어요. 목소리가 커졌습니다.

2차 첫날(8/18): 1차 후의 경과를 말씀드리면, 1차 후 약 2~3개월경인, 지난 5월경부터는 주고받기식으로 일상대화가 가능해졌고, 6월부터는 반향어가 없어졌어요⋯. 불렀을 때, 대답은 멀리서 불러도 잘해요. 전에는 바로 옆에서 불러도 대답을 못했는데요⋯. 그래서 오늘 2차를 하려고 다시 온 것입니다. 이제는 쓰기도 가능합니다, 베라르 치료 이전에는 손에 힘이 약하고 쓰기가 전혀 안 되었는데요.

3차 첫날(2/20): 베라르 2차 후에도 전반적으로 많이 발전하였습니다. 상황파악도 잘하고, 요즘에 표현력이 다양해졌습니다. 병원에서 장애진단, 등록하려고 하였는데, 진단이 나올 정도가 아니라 합니다.

3차 마지막 날(3/1): 지난번에 베라르 치료를 할 때와 달리, 이번에는 치료 중에 더 산만해지고, 치료 중에도 말, 표현력의 증가 현상이 보이네요. "언제 그랬어?", "예전에." 등의 말들도 하면서 전반적으로 어휘력이 증가되었어요. 전에는 치료 후 2~3개월 지나서 발달이 나타났는데, 이번에는 어휘력 발전도 치료 중에 더 일찍 나타나네요.

4차 첫날(9/9): 3차 이후 그동안 좀 더 발전하여 문장을 읽고, 이해도 가능하고, 수 개념이 안 되었는데 수 계산도 가능하게 되었습니다.

4차 마지막 날: 치료 잘 마쳤고, 앞으로 3~4개월 경과하면서 좋아지기를 기대합니다.

사례 5

최성호(8세, 남): 청각 과민 해소, 발음 정확, 발성 다양화

특 성:

- 말을 안 듣고, 과잉 행동
- 청각 과민: 청소기, 믹서기, 여자아이가 우는 소리에 귀 막고, 귀 털기
- 수용 언어: 몇 가지 간단한 지시(엄마 갖다 줘, 아빠 갖다 줘) 따르기 가능
- 표현 언어: 무 발화, 요구사항은 직접 몸으로 해결

베라르AIT 후 변화:

성호 아버지께서는 성호가 말만 하면 아파트 전체에 잔치라도

벌이겠다고 하셨다. 성호는 치료 중에 소리 과민이 없어졌고, 발음 정확도와 발성 다양성이 나타났다.

1차 5일째(6/5): 가끔씩 "쥬스" 발음을 정확하게 하구요. 특정 여자 아이 우는 소리에 귀 막고, 귀 털고 나가라는 행동을 했었는데 오늘, 그 여자아이가 울어도 이런 행동이 없어졌습니다. 이발할 때 전기 이발 기구에 민감성도 없어졌습니다.

1차 7일째(6/9): 소리 민감성 확실히 개선되었구요, 발음이 좀 더 좋아졌습니다.

1차 후 2개월 15일(8/25): 발성이 다양하고, 양호합니다(치료실 선생님 말씀).

1차 후 약 3개월(9/12): 성호는 요즘 기분도 좋고, 발성이 많이 나옵니다(치료실 선생님 말씀).

사례 6

박정환(7세, 남): 사람 목소리에 관심 갖게 됨, 말 이해, 표현력 증가, 촉감 민감 해소

특성:
- 손동작 반복, 빙빙 돌기, 왔다 갔다 하기
- 진공청소기와 다양한 소리 즐김, 손으로 귀를 막았다 떼기를 반복
- 무 발화, 요구사항은 엄마 손 끌고 가서 해결

베라르AIT 후 변화:

정환이는 치료 시작하면서 평소 관심 없던 사람 목소리에 관심을 갖고, 말을 빨리 알아듣고, 발성, 말하기, 집중력이 크게 발전하기 시작하였다.

1차 첫날(6/1): 언어 치료실에서 자발적으로 인사동작 후 앉아서 기다리고, 산만함이 줄고 더 차분해졌습니다.

1차 3일째(6/3): 오늘은 훨씬 더 산만하고, 행동이 과하고, 언어 치료실에서는 말을 안 들었습니다.

1차 6일째 날(6/8): 사람 목소리에 관심 보이기 시작했어요. 전에는 사람 목소리에 관심이 없었어요. 사람 목소리를 녹음해서 듣기를 좋아하고 녹음해달라고 요구해요. 장난기도 생겼어요. 언어 치료실서 집중력 더 좋아졌고, 기다리기도 더 잘한다고 합니다.

1차 8일째(6/10): 사람 목소리에 관심 보이기를 계속합니다. 아빠 목소리와 사람의 목소리를 녹음해주기를 청하고 듣기를 좋아합니다. 전에는 음악 동요에만 관심 있었는데 다양한 음악에 관심이 있고, 리듬을 따라 합니다.

1차 10일째(6/12): 언어 치료실에서 집중력이 엄청 좋아졌습니다. 입안, 얼굴 볼, 촉각이 민감했는데 양치질도 잘하고, 선크림 발라도 잘 순응하고, 못 먹던 김밥도 먹기 시작했습니다.

1차 후 1주일(6/17): 언어 치료실에서 반응이 빠르구요, 한 번에 알아듣습니다. 집중력이 엄청 개선되었구요. 사람 목소리에 관심이 계속됩니다.

1차 후 약 3개월(9/30): 과잉 행동이 좀 더 완화되었습니다.

1차 후 약 6개월(12/15): 발성이 많이 나오고(엄마마 빠빠 아아…), 단어 찾기도 되고, 읽기에서 두 단어, 두 글자 모방을 하고, 많이 좋아져서 너무 기분 좋습니다. 자기 이름에 대답하고, 노래 잘 따라 부릅니다.

1차 후 약 8개월(다음 해 2월), 2차 직전: 1차 이후 발성 많이 늘었습니다. 부르면 "예", 라고 대답도 하고, 노래도 제법 합니다. ㄱ, ㄴ… 등도 쓰고, 자기 이름도 쓰고, 한글 거의 인식해요. 과잉 행동은 많이 차분해졌습니다.

2차 3일째(2/18일): 짜증이 늘었고, 학습, 인지, 수용 언어가 더 늘었습니다.

2차 4일째(2/19~22): 반항이 시작되어 2/22일 현재까지 평소보다 점점 더 심해집니다.

2차 6일째(2/24): 눈 맞추기 좀 더 지속되어 5분→10분으로 증가되었구요. 치료실에서 덜 산만해졌고, 기다리기를 더 잘합니다.

2차 후 약 1주(3/8): 물, 불에 집착이 심한 것은 여전합니다. 못 하게 혼내면 드러눕고 귀를 막습니다.

2차 후 약 4개월(6/18): 말을 잘 알아듣고, 소리 많이 듣고(시소, 미끄럼틀), 소리 나는 것에 관심 많고, "엄마" 발음이 되고 학습이 잘 되고, 쓰기도 좀 더 잘하고, 눈치도 봅니다.

2차 후 약 4개월(6/30): "엄마, 아빠, 밥."을 말하고, 많이 점잖아졌고, 패턴화, 규격화 행동 심한 것은 여전합니다.

2차 후 약 1년(3/26): … 학교 입학하였고, 생각보다 잘 적응하구요.

말귀 많이 알아듣고, 발성은 "엄마, 아빠, 물, 불, 아아, 으으" 정도입니다. 산만함이 덜해졌습니다.

노승철(3세 4개월, 남): 극적인 언어, 인지 발전, 대화 가능

특성:

- 겁이 많고 소심, 불안, 공포, 잘 놀다가 순간적으로 울고, 불안해함
- 겨울, 비 오는 날, 어둠에 자주 짜증
- 혼자 놀 때는 주로 글쓰기, 블록 쌓기
- 숫자, 글자, 기계를 특히 좋아함
- 글자, 수는 거의 스스로 익혔음
- 반향어, 말 따라 하기, 이상한 말하기
- 발음 이상(ㅅ, ㅈ, ㅊ, ㄷ, ㄹ 등)

베라르AIT 후 변화:

승철이는 치료를 하면서 기분이 업되고 목소리가 커지는 현상이 있었고, 언어가 상당히 호전되었다.

1차 첫날(7/5): 기분이 업되었고, 잘 놀다가 순간적으로 울고 손가

락을 빨곤 합니다.

1차 6일째(7/11): 언어 치료실서 기분이 업되어 기분 좋게 보냈구요. 집에서도 기분이 업되어 계속 말을 하고, 소리를 내고, 말도 안 되는 노래를 만들어 부릅니다.

1차 7일째(7/12): 2~3일 전부터 울 때 큰 목소리로 평소보다 소리 내어 울었습니다. 크게 큰 소리로 감정을 드러내어 울었습니다.

1차 10일째(7/15): 문화센터에서 업된 기분 최고로 되었고, 업된 기분은 계속되었습니다(치료 중에도 업되어서 노래 부름).

1차 후 약 3개월(12/21): 다른 어머니들의 말씀에 의하면, 승철이는 말이 많이 늘었습니다.

2차 왔을 때의 어머니의 말씀:

"1차 이후 언어가 발전되어서 2~3단어 연결을 합니다. 나름대로 상황에 맞게 구어를 구사하구요. 문장 형태로 대화 가능합니다. 또 많이 밝아졌습니다. 1차 이전에 못 했던 덧셈, 뺄셈도 가능하구요. 한글 읽고 이해도 합니다. 그러나 친구에게는 여전히 관심이 없습니다."

2차 첫날(1/30): 오후와 저녁에 홈플러스에서 산만하고, 기분이 업되고, 행동이 과했습니다. 집에서도 행동 과다입니다.

2차 마지막 날(1/9): 발음이 또렷해졌습니다.

사례 8

차준성(3세 8개월, 남): 발음 개선, 언어 발전

특 성:

- 돌 전후 여러 번 중이염으로 항생제 치료 6개월
- 수용 언어: 필요한 간단한 지시 이해 가능
- 표현 언어: 반향어 수준, 발음 문제
- 리듬감은 좋은 편
- 청각 예민(터널 속 귀 막기, 세탁기, 믹서기 소리)

베라르AIT 후 변화:

준성이는 초반에 치료 거부가 심했으나, 먼 거리에서 매일 왕래하며 어렵게 2차까지 하였다. 1차부터 발음 외에도 전반적인 변화가 나타났다.

1차 2일째(8/17): 겁이 없어지고 용감해졌습니다.

1차 3일째(8/18): 발음 좋아졌습니다(마비야→ 나비야, 안짝 안짝→ 반짝 반짝)

1차 4일째(8/19): 두 발 모아 뛰기 어려웠으나 앞으로 뛰어나갑니다.

1차 9일째(8/25): 눈맞춤이 좋아졌고, 목소리 커졌습니다. 말을 빨리 따라 합니다.

1차 후 약 7개월(8/30): 발음 더 좋아졌고, 말을 조금씩 더 잘하고 있습니다.

2차 후 약 4개월(6/25): 준성이는 잘 지내고 있습니다. 지속해서 좋아지고 있는데 아직 많이 노력해야 할 것 같습니다.

신원수(6세 3개월, 남): 촉감 과민 감소, 어휘 확장, 전반적 학습 능력 발전

특성:

- 촉감 특이(간지럼 많이 타고, 이발 거부)
- 음악 리듬을 좋아함, 가사 암기 잘함
- 수용 언어: 생활 중 언어(지시 따르기 등) 이해
- 표현 언어: 단어로(안 해, 싫어, 하지 마 등)
- 행동: 산만하고 고집성, 좋아하는 것에 집중

베라르AIT 후 변화:

원수는 치료하면서 촉감 과민성이 감소하고 어휘력, 집중력이 증가하고 기초 학습 외 전반적 기능에 발전이 있었다.

1차 3일째(10/13일): 밤에 소변 실수(밤에는 원래 한 번씩 있던 일)를 하였구요, 아빠하고 안 하던 뽀뽀를 했어요, 타인에게 관심이 더 있습니다.

1차 6일째(10/17일): 목, 머리, 얼굴, 촉각 과민이 감소했습니다.

1차 7일째(10/18일): "우유."라고만 말했는데 "시원한 우유."라고 말하고, 집에 붙여놓은 것 떨어지면 그냥 말없이 붙였는데 "풀

칠."이라고 말하고 붙이구요. 평소보다 기분이 업되었고, 말이 좀 더 많습니다. 노래도 합니다.

AIT 후 약 2주(11/3): 수동적이었는데 공격적, 적극적으로 변화되어 3일 전부터 어린이집에서 친구 밀기 행동을 합니다. 집에서나 길 가다가도 장난치는 행동을 보입니다.

1차 후 약 3개월(1/13): 말을 빨리 알아듣고 반응이 빠릅니다. 목소리가 작았는데 더 커졌고, 누나하고 놀기도 합니다. 어린이집에서 친구들을 밀던 행동은 감소되었습니다. 글쓰기도 더 잘합니다.

학습 시 집중시간이 15분으로 길어져서 국어, 수학, 연달아 학습도 가능하고, 태도도 좋아졌습니다. 활동적, 적극적, 고집성이 있습니다.

1차 후 약 8개월(2차 직전: 6/18): 보고 쓰기, 받아쓰기도 가능, 단어 읽기 가능, 덧셈 가능(25+4, 99+3 등)합니다.

2차 당시 6세 11개월, 일반 초등 1학년

2차 3일째(6/20일): 평소에 안 하던 말을 하고, 평소보다 말수가 많아졌습니다. ㄱ, ㄴ, ㄷ 등 자음을 읊었고, 국민 체조 동작에서 다양한 동작도 가능해졌습니다.

2차 9일째(6/27일): 평소보다 많이 웃고, 기분이 업된 상태이며, 학교에서 고함쳤습니다.

2차 후 약 3개월(10/9): … 원수는 학교 잘 다니고 있어요…. 환절기 건강 조심하시고 겨울방학 때 뵐게요.

2차 후 약 4개월(11/14): 치료 후 공부 안 하려고 울고, 고함치고 고집부렸으나 3개월 지나서부터 말이 더 늘었고, 안 하던 말을 더 많이 하게 되고, 표현이 개선되었습니다.

2~3주 전부터 받아쓰기도 하려고 하고, 받아쓰기 가능합니다. 글 읽기도 가능하구요.

사례 10

현승우(7세 1개월, 남): 언어 이해, 언어 표현 증가

특 성:

- 자폐성 특성들
- 산만
- 청각 과민: 청소기, 주차장의 "윙" 하는 소리
- 눈 맞추기 부족, 기억력 좋고, 특정 능력이 있음

베라르AIT 후 변화:

승우는 1차 치료 중에 언어기능에서 발전적 변화가 보이기 시작하였다. 2차를 하지 못한 것이 아쉬웠다.

1차 3일째(2/18): 말을 길게 나열합니다. 전에는 밤에 잠을 설쳤는데 잠을 잘 잤습니다.

1차 6일째(2/21): 말을 빨리 알아듣고 대답을 빨리합니다.

1차 7일째(2/22): 많이 산만해졌고, 평소보다 언어가 증가되었습니다. 평소에 못하던 말들도 제법 합니다.

1차 후 2일(2/27일): "잘 올라가셨는지요…. 승우가 오늘 공원에 갔는데 안 쓰던 말을 많이 합니다."

사례 11

이태준(4세 5개월, 남): 소리 공포 완화, 소변 가리기, 언어 발달 (거짓말, 가상놀이 외)

특 성: 심한 청각 과민, 촉감 과민

- 청소기 소리(청소기 소리에 온몸을 부들부들 떨다가 곯아떨어져 잠을 잠)

- 화장실 핸드 드라이어 소리(외부에서 화장실 가기 거부)

- 믹서기 소리(다른 방에서 문 닫고 사용해도 못 견딤)

- 오토바이 소리

- 동물의 울음소리

- 아이들 우는 소리(우는 아이의 입을 막거나 밀쳐버림)

- 특정 음악 소리(대부분의 음악 소리는 좋아하나 특정 음악에 공포의 울음)

- 낯선 곳이나 알 수 없는 소리에 귀를 막음

- 반향어, 일부 자발어
- 묻고 답하기 곤란
- 숫자를 특히 좋아함

베라르AIT 후 변화:

부모님의 선교사역 관련하여 외국에 거주하면서 치료차 한국에 입국하였다. 치료 후 점진적으로 소리에 대한 과민성이 완화되었고, 집중력, 어휘력 개선이 나타났다.

1차 6일째(11/25): 청소기 소리에 여전히 민감합니다. 촉감 예민성이 줄어서 샤워도 잘하는 편입니다. 주말에는 기분이 업된 상태였습니다.

1차 후 약 5개월(4/7): 소리 예민은 많이 완화되었습니다. 귀는 여전히 막기는 하나 귀 막고 부들부들 떨다가 잠드는 현상은 없어졌습니다. 평소 야간 소변 실수를 하였는데 1차 완료 며칠 후부터 야간 소변 가리기가 가능해졌고, 1차 후 약 한 달 정도 공격 성향이 있었으나 없어졌고, 집중력이 더 좋아졌고, 언어 표현이 점진적으로 개선되어 질문(의문사도 사용)도 구사하고, 거짓말도 하고, 가상 놀이도 합니다. 아빠 출장차 한국에 입국할 때 같이 나와서 2차를 하겠습니다.

2차 2일째(4/29): 1차 때도 며칠간 밥을 잘 안 먹었는데, 이번에도 식사를 잘 안 합니다.

2차 6일째(5/5): 아침에 믹서기 소리에 귀를 안 막았고, 편해진 듯합니다.

사례 12

Francis(가명, 6세, 남): 학습, 발음, 행동 놀라운 변화

특 성:

- 자폐 스펙트럼
- 심한 청각 과민
- 언어 지체(단어로 요구 표현)
- 사회성 부족
- 심한 편식
- 불만 시 문제 행동

베라르AIT 후 변화:

프랜시스는 외국 아동으로 한국에 들어와서 나에게 와서 10일간의 치료 직후에 바로 출국했다, 어머니는 한국 분이다. 첫 회 치료에서 헤드폰 거부가 심하였다. 30분 계속해서 울면서 심하게 거부하였고, 아버지께서 힘으로 잡고 겨우 치료를 마칠 수 있었다. 첫 회 치료 후, 아버지께서 연구실을 나가실 때 한국말로 (아이가 울어서) "미안합니다."라고 진심으로 인사를 건네고 나가셨다.

치료 첫날: 프랜시스는 치료 중 계속해서 울면서 소리쳤습니다. "No Music~", "No Music~~", "Music, No~."

치료 4일째: 어제 아웃렛을 갔는데 소리 지르고 드러눕고 난리였습니다. 킥보드를 타는데 여자아이에게 관심 끌려고 했는데, 모른 체하니까 화를 내기 시작한 것입니다. 조금 더 산만하고, 짜증은 내다가 괜찮아지고··· 음악은 이제 스스로 잘 듣고 있어요. 끝나면 30분씩 휴대폰을 보여주고 해요. 오늘이 4일째인데 밥을 더 잘 먹고, 소리 과민 변화는 없는 것 같습니다.

치료 종료일: 긍정적인 면으로는 확실히 발음이 좋아졌고, 노래할 때 음을 다양하게 하고, 차분하고, 특히 새로운 모습은 새 친구에 관심이 있습니다. 부정적인 면으로는 소리에 더 민감해졌고, 목욕을 거부하고, 귀를 때리고, 울 때는 소리를 질러요.

치료 후 약 2개월: 프랜시스가 많이 좋아졌어요. 학교에서도 무슨 일이 있었냐고 할 정도로 공부 면에서, 발음 면에서 전반적으로 좋아졌어요. 전보다 공격성이나 울음도 좋아졌어요···. 10월경에 한국 가서 다시 할 생각인데 괜찮은가요? ··· 프랜시스가 많이 좋아져서 프랜시스 학교 학생 한 명도 하려고 하니···. 프랜시스 아빠는 지금만큼만 바껴도 너무 만족한다고···. 처음 돌아와서는 하루하루 놀람의 연속이었어요···. 사회성 면에서 조금 더 보강되면 프랜시스는 정말 큰 문제 없을 거 같아요 원장님···.

아스퍼거/ 고기능 자폐

사례 1

최은민(만3세, 여): 언어 외 전반적으로 한 단계 격상

특 성:

- 억양 특이, 단조롭고 모노톤, 발음 부정확
- 고집성이나 자기주장이 거의 없음
- 혼자 잘 놀고, 친구들이 장난감을 빼앗으면 그냥 빼앗김
- 눈맞춤, 감정/정서 부족
- 표현 언어: 반향어, 문장으로 외운 것만 가능
  자발어는 '물', '우유' 뿐
- 한글을 스스로 익혀서 한글 읽기 가능, 수 읽기/ 수 세기 가능, 수 개념 5까지 가능.

베라르AIT 후 변화:

은민이는 1, 2차까지 극적인 개선이 있어서 더는 치료를 안 해도 될 듯했으나, 어머니께서는 좀 더 풀어줄 것이 있는 듯하다며

3차를 하였고, 그래도 일반 친구들과는 미세한 차이가 있는 듯하다고 4차 치료도 하였다.

1차 이후 말을 주의해서 듣고 발화가 증가하는 등 언어 발달의 극적인 개선이 나타나서, 2차 시작 시에는 문장식 대화가 가능하였고, 조사도 적절히 사용하여 원하는 의사 표현을 하였다.

그러나 정서 어휘는 부족하고, 사회성 및 정서적인 면에서 이해가 부족하였다. 특히 감정 표현(분노, 기쁨)이 부족하고, 화낼 때도 가르쳐 준 대로 어설프게 표현하고, 화용적 대화에 어려움이 있었다.

2차 하러 왔을 때(3세 9개월)는 다른 치료(언어, 놀이치료)를 중단하고 일반 어린이집을 다니고 있었다. 학습 면에서는 또래보다 우세하였고, 덧셈, 뺄셈을 손가락으로 세면서 가능하였다.

1차 당시 3세:

1차 1~3일(2/15-17): 다른 사람의 목소리에 관심을 갖게 되고, 약간 짜증을 내고, 목소리 커졌습니다. 모노톤 상태에서 목소리에 힘이 들어갔습니다. 이전에는 고함칠 때 가성이 들어갔는데 더 자연스러운 큰 소리 형태로 되었습니다.

1차 6일째(2/20): 할아버지 댁에서 놀다가 떼어서 오는데 평소보다 강하게 반항하고, 울었습니다. 어휘력이 향상되었고, 처음보다 언어를 다양하게 구사합니다. "은민이가 장난감 그렸어." 하고 장난감을 보여주는(관심 끌기) 행동을 합니다.

1차 7일째(2/21): 치료 전보다 언어를 다양하게 구사합니다.

1차 8일째(2/22): 언어 치료실 선생님께서 은민이 베라르AIT 하는 것 모르는데 "1주일 사이에 집중력이 많이 좋아졌습니다."라고 하셨습니다.

2차 당시 3세 9개월:

2차 4일째(10/28): 근력이 좋아졌는지 철봉에서 20까지 셀 때까지 매달려 있기가 가능했습니다. 전에는 그게 안 되었는데….

2차 5일째(10/29): 감정, 정서가 부족하여 누가 누구보다 더 좋다는 표현을 잘 못했는데, "새싹반 선생님이 엄마보다 좋다."라고 말하고, "이유는 머리 묶어주고 안아주고 간식도 준다."라고 했습니다.

3차 당시 4세 6개월:

3차 8일째(8/12): 좀 더 차분해지고 목소리 톤이 적절하게 변화되었습니다(목소리 톤이 들뜨고 통제 불능으로 컸었는데….)

3차 후 1년 6개월경(1월): 아직도 일반 친구들과는 미세한 차이가 있어요. 감정 표현이 미약하고, 때로는 격하기도 하고, 동생하고 놀아주기를 숙제처럼 하고, 때로는 놀다가 즐거움에 빠지기도 하고, 놀다가 피곤해하기도 하구요…. 그래서 4차도 하려고 신청합니다.

사례 2

하시훈(9세 2개월, 남): 의사 표현이 단어에서 문장으로 발전, 청각 과민 감소

특 성:

- 청각 과민(차 소리, 기차 소리, 자동차 계통의 소리, 사람들 고성으로 싸우는 소리)
- 기지 않고 바로 서서 걸었음
- 인지는 학년 수준
- 표현 언어: 기본적인 대화 가능, 대화 수준은 3세 수준
- 암기 잘함
- 사회성 부족

베라르AIT 후 변화:

치료 후 시훈이는 존칭 구별이 어느 정도 적절하고, 소리 과민이 예전보다 감소되었다. 1차 치료 중에 의사 표현이 개선되었고, 2차 후에는 더 증가되고 세련화되었다.

1차 1일째(7/20): 좀 더 산만하고, 발성 많이 하고, 입으로 소리 많이 내고, 기분이 업되었습니다.

1차 2일째(7/21): 음악 듣는 중에 슬퍼하고 평소보다 산만하고, 더

공격적이었습니다.

1차 4일째(7/24): 목소리 더 커졌고, 평소는 수동적이었는데 동생, 엄마를 때리고 꼬집었습니다. 의사 표현을 확실하게 하고, 평소는 단답형이었는데 2~3단어를 연결합니다.

1차 7일째(7/27): 감정 기복이 있고, 감정 표현이 풍부해졌습니다.

1차 8일째(7/28): 언어가 확실히 분명해지고 의사전달 잘하고 있습니다.

2차 기간(1/16~23): 며칠간은 자신을 제지하는 말을 들을 때 평소보다 거칠고, 반항적이었으나 언어가 평소보다 증가되고 세련화되고 있습니다.

사례 3

김성진(8세 5개월, 남): 소리 변별력 증가, 학습 개선, 학업 성취 증가

특성:

- 청각 과민(큰소리, 포크레인 소리, 기계 소리 등)
- 첫 단어 말한 시기는 모두 일반 아동 동일
- 읽기나 대화에서, 문장에서, 숨은 의미를 이해하기 곤란

베라르AIT 후 변화:

성진이는 청각 과민 및 2,000, 8,000Hz 필터 대상의 청각에 해당되었다. 치료 중에 소리 변별력이 좋아져서 일상적 대화 소리를 더 쉽고 분명하게 구별하여 듣고 반응하였다.

1차 5일째(1/20): "베라르AIT를 하면 평소에 못 듣던 말 소리도 들릴 수 있나요? 어제 우리 부부가 대화하는데 바로 알아듣고 반응을 보였어요."

1차 후 약 6개월(7/10): 다른 어머니의 말씀에 의하면 "성진이는 다방면으로 많이 좋아졌대요. 학년말 시험에서 1등을 하였대요."

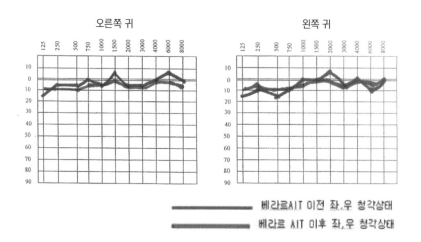

사례 4

신도진(6세 10개월, 남): 청각 과민 개선, 청각 정상화, 기초 학습 기능 발달

특 성:

- 청각 과민(청소기 소리 등)

- 수에 특별한 관심

- 일부 반향어 형태가 있으나 문장으로 대화 가능

- 다소 어색한 표현

- 사회적 상황 이해를 어려워함

베라르AIT 후 변화:

도진이는 치료 후 청각 과민성이 줄었고, 청각이 정상화되었다. 한글 쓰기, 받아쓰기, 읽기, 수 개념 등의 기초 학습 기능들이 전반적으로 발달하였다.

1차 3일째(8/9): 어제 언어 수업을 잘했고, 말이 많아졌습니다.

1차 5일째(8/11): 평소에 손가락 입에 넣고 하던 버릇이 없어졌습니다.

1차 후 3개월(11/15): 소리 과민함이 없어졌고, 정서적으로 편안해보입니다.

2차 직전(2/14): 글쓰기, 받아쓰기, 읽기, 수 개념 등의 학습 기능들이 전반적으로 좋아졌습니다.

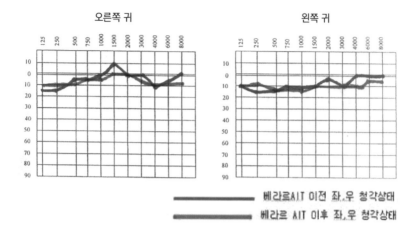

오른쪽 귀　　　　　왼쪽 귀

베라르AIT 이전 좌.우 청각상태
베라르 AIT 이후 좌.우 청각상태

사례 5

권호성(초1, 남): 큰 폭 청각 정상화, 소리 공포, 불안 감소

특 성:

- 소리 공포

- 사회성, 사회적 의사소통 부족, 상황 이해 부족

- 학습 잘하는 편

- 또래보다 사회성 부족

베라르AIT 후 변화:

호성이는 베라르 박사가 강조하는 2,000Hz, 8,000Hz에 필터치료 세팅으로 치료 후, 청각이 크게 정상화되었고, 소리 공포와 불안감이 줄었고, 전반적인 개선이 나타났다.

1차 마지막 날(1/9): 소리 공포, 불안감이 줄었고, 귀 막지 않습니다. 치료 후에 전체적으로 좋아졌습니다.

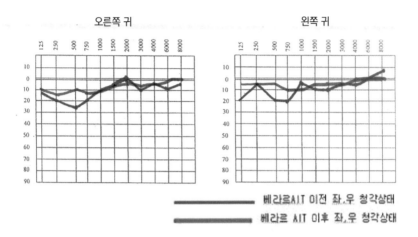

오른쪽 귀 　　　　　　　　　 왼쪽 귀

━━━━━ 베라톤AIT 이전 좌,우 청각상태
━━━━━ 베라톤 AIT 이후 좌,우 청각상태

사례 6

김용진(6세 3개월, 남): 언어 이해, 언어 논리, 기억력 증가

특 성:

　− 상황 이해 부족, 사회성, 놀이에서 질적인 차이

　− 정형적인 틀을 좋아함

　− 감정 기복, 기분변화 심함

　− 상대방의 실수를 고의적이라 오해

베라르AIT 후 변화:

용진이는 청각 왜곡 및 정서적으로 편하지 않은 청각이었으나, 치료 후 1~2개월이 경과하면서 언어 이해력, 언어 논리성, 기억력 등이 향상되고, 정서적으로도 안정되었다.

1차 6일째(7/9): 요즘에 짜증이 더 늘었고, 말을 안 듣고, 고집성이 더 있습니다. 형한테 감정을 폭발하기도 합니다. 평소보다 고집성, 항의적, 저항적입니다.

1차 약 3개월(10/5): 1차 후 약 40일 동안은 더 산만하고 공격성이 있었어요. 특히 형에게요. 그 후에 언어, 기억력, 정서 안정 등의 발전이 있었습니다.

2차 첫날: 1차 후에 말을 좀 더 빨리 정확하게 알아들어요(전에는 못 알아들었는데…). 기억해서 하는 말도 해요. '지난번에 해준다고 약속했잖아요' 등으로 표현을 해요.

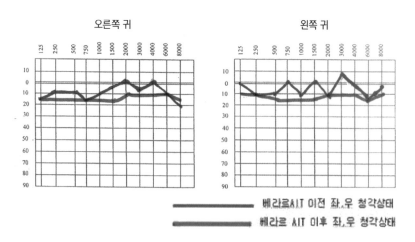

김해철(11세, 남): 청각 정상화, 기억력 증진, 짜증 줄고 정서적 편해짐

특성:

- 정상 범위의 지능
- 학교 성적 중간 정도
- 청각 정보처리/ 청기억 부족
- 상황 이해 부족
- 집중력 부족
- 멍하게 딴생각
- 소심하고 생각이 많음

베라르AIT 후 변화:

치료 후에 청각이 정상화되면서 기억력이 증진되고 정서적으로도 편해졌다.

1차 둘째 날(2/21): 어제는 산만하고, 기분이 업되고 하였으나, 잠을 푹 자고 아침에 일어났습니다.

1차 8일째(3/2): 외할머니 말씀에 요즘 짜증을 확실히 덜 낸다고 합니다. 뭔가 달라진 느낌인데 이거 때문인지….

1차 10일째(3/4): 오늘 아침에 치료 오면서 "엄마 구구단이 왜 이렇게 잘 외워지지, 전에는 이렇게 안 되었는데…."라고 하네요.

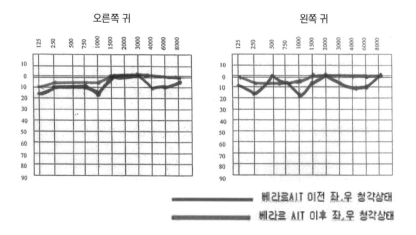

오른쪽 귀 / 왼쪽 귀

베라르AIT 이전 좌.우 청각상태
베라르 AIT 이후 좌.우 청각상태

사례 8

민승태(9세, 남): 틱 사라짐

특 성:

- 틱(운동 틱: 눈, 어깨, 인중)
- 문제행동 심함(때리기 외)
- 감정 폭발/ 불안

베라르AIT 후 변화:

승태는 3세~4세 때 2차까지 치료 후 발음 등 전반적인 개선이 많았다. 그 후로 5~6년이 지나서 다시 찾아왔다. 입학 후에 스트레스가 많아지면서 감정이 폭발하고, 여자친구 때리기 등의 문제행동이 심하고, 1년 전부터는 틱까지 와서 틱 약물치료를 받았으나, 변화가 없어서 약 8개월 복용 후에 중단한 상태였다.

청각검사 결과 청지각 문제, 청각 과민, 감정 기복이 심각한 청각 상태로 확인되었다. 베라르 박사가 특별히 중요시하는 특정 세팅으로 치료를 진행하였고, 치료 후에는 청각이 크게 정상화되면서 틱이 사라졌다.

3차 3일째(9/28): 학교에서 여러 번 토했는데(원래 잘 체하기는 하는데), 병원에서 장염이라고 합니다.

3차 4일째(9/29): 오늘도 토했고, 죽도 억지로 조금 먹었습니다. 이렇게 아픈데도 하루에 두 번 치료와야 하나요, 이래도 치료 효과가 있을지…. 다른 병원 가서 장염 처방받고 좀 덜한 듯합니다.

3차 5일째(9/30): 어제 오후부터 구토 증상이 괜찮아졌습니다.

3차 7일째(10/4): 외관상 틱이 덜해진 듯합니다. 감정 폭발은 아직 여전한 듯합니다.

3차 10일째(10/7): 다른 변화는 아직 잘 모르고, 틱은 확실히 없어진 듯해요(치료 시 관찰결과에서도 확실히 틱은 안 나타남).

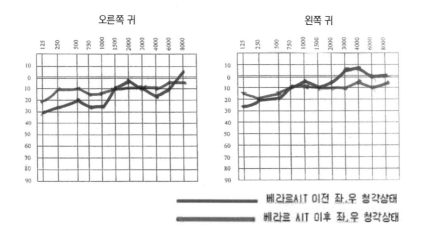

━━━━━━ 베라르AIT 이전 좌,우 청각상태
━━━━━━ 베라르 AIT 이후 좌,우 청각상태

나희수(7세 5개월, 남): 청각 정상화, 개선된 청각 상태 유지

특 성:

    – 산만함, 행동 과다, 감정 결여

    – 강박적, 고집성, 규칙성 강함

    – 변화 거부, 동일성 유지

    – 시간 엄수, 융통성 부족, 사회성 부족

    – 읽기, 쓰기, 수 등 단순 기초 학습에서 또래보다 우수

베라르AIT 후 변화:

희수는 당시 산만함, 행동 과다로 약을 복용 중이었고, 다른 기관에서 3차까지 치료받은 후에, 나에게 와서 2차까지 치료를 받았다.

다른 기관에서 3차 치료 6개월 후, 나를 찾을 당시 청각이 심하게 깨어진 상태였다.

청각이 깨어진 이유를 탐색하고자 나에게 2차 치료를 한 이후, 치료를 중단한 상태로 추후 6개월 간격으로 여러 번 실시된 청각 검사에서, 개선된 청각이 잘 유지되고 있음이 확인되었다.

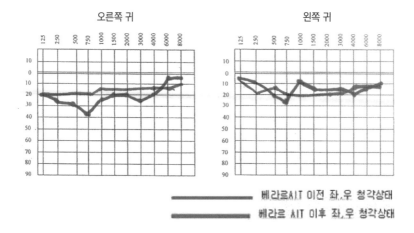

오른쪽 귀   왼쪽 귀

━━━━━ 베라르AIT 이전 좌,우 청각상태
━━━━━ 베라르 AIT 이후 좌,우 청각상태

사례 10

민현이(7세, 남): 사회성 증가(대화 빨라지고, 주고받기 대화 가능)

특 성:

- 사회성 부족

- 청각 과민(세탁기 소리, 물 내리는 소리, 청소기 등), 음악 소리 선호

- 학습은 잘함(계산 등), 스스로 터득하여 학습을 잘함

- 상황 중복이나 이해하기 어려울 때는 반향어도 사용

베라르AIT 후 변화:

민현이는 특정 소리는 지나치게 크게 들리고, 일부 소리는 잘
못 듣는 심한 청각 왜곡, 비정상적 청각을 지니고 있었다. 치료 후
청각의 기적적인 정상화가 이루어졌고, 상호 작용적인 주고받기

대화가 되면서 사회성이 좋아졌다.

1차 3일째(7/29): 요즘 2~3일, 평소보다 더 산만해졌습니다.

1차 6일째(8/1): 집중이 좋아졌고, 눈맞춤이 길어졌고, 반향어가 줄
어들었습니다.

1차 10일째(8/5): 친구와 대화 시 반응이 빨라졌고, 대화를 더 길게
주고받기식으로 상호 작용이 가능해졌습니다. 전정 기관의 효
과를 보는 듯합니다.

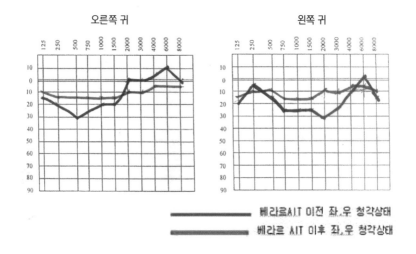

4-6
난 청

✎ 난청의 사례들은 경계선 지능이나 다른 발달 문제, 청지각 문제로 나를 찾아와 치료받고 청력까지 크게 개선되었던 사례 중의 일부이다. 난청 청력의 경우, 10dB의 변화도 의미가 큰데, 상당한 변화가 나타났다.

사례 1

김정미(성인 직장인, 여): 최고 70dB까지 청력 개선, 청지각 개선 외

특 성:

- 말소리 변별 곤란
- 대화 시 음 변별 곤란
- 장기 중이염 내력
- 직업상 소음에 장기 노출

베라르AIT 후 변화:

김정미는 소리를 듣고 이해하기가 심히 곤란하여, 스스로 자신의 청각에 문제가 있다는 것을 느끼고 여러 번 이비인후과 검사

를 받았으나 이상이 없다는 말만 들었다. 왼쪽이 안 들린다고 말하였는데도 착각일 것이라며, 정상 청각이라 하였다.

답답하여 인터넷 검색 중에 베라르AIT를 알게 되었고. 밤새 확인하고 조사한 후에, 치료사 중에서도 나를 찾아온 것이었다.

청각검사 결과, 좌우 청각의 심한 불균형, 인접 주파수와의 심한 청력 역치 차이로 심각한 청각 왜곡이 발생하는 청각이었다. 특히 왼쪽 청각은 보청기 착용 수준의 난청이 심각했다.

왼쪽 청력이 우측에 비하여 심하게 떨어지면서 기복도 심하였으므로, 좌우 소리의 강도 차이를 고려하여 치료를 진행하였다. 치료 진행 중에도 집중력, 소리변별력이 개선되고 있었다.
치료완료 후 청각검사 결과에서, 최고 70dB까지의 차도를 보이는 기적적인 청력 개선이 나타났다. 좌우 청각균형도 거의 이루어졌다(청각 검사지 참조).

다른 어떤 치료와도 비교할 수 없고, 다른 어떤 치료에서도 기대할 수 없는 극적인 치료 효과를 보였다.
김정미는 약 7개월 후에 더 완벽한 청각을 희망하면서 2차 치료를 요청하였고, 2차 치료 후에는 더욱더 정상 청각으로 변화되었다.

1차 치료 후 청각 검사(7/22): 치료 후, 이렇게도 좋아지는 것을 진작할 것인데….

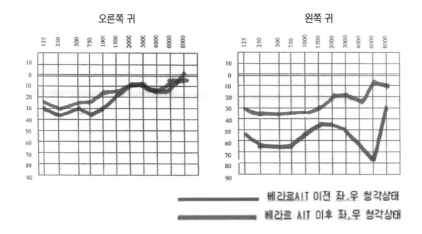

오른쪽 귀   왼쪽 귀

━━━━━━ 베라르AIT 이전 좌,우 청각상태
━━━━━━ 베라르 AIT 이후 좌,우 청각상태

사례 2

한수철(10세, 남): 최고 35dB 청력 개선, 청지각 개선

특 성:

- 만성 중이염
- 왼쪽 귀 청각 장애, 난청(80dB 정도)
- 산만함
- 지능 낮음, 학습 부진
- 왼쪽 귀에 이명(삐~ 삐~)
- 청각 왜곡, 청지각 문제: 전화영어 공부에서 소리가 다르게 이상하게 들림

베라르AIT 후 변화:

수철이는 중이염이 상당히 진행된 만성 중이염으로, 대학병원에서 청각장애 판정을 받은 상태였다. 좌우 청각 불균형이 심했

으며, 좌우 모두 주파수 간의 청력 차이가 심했고 기복이 심했다. 특히 왼쪽은 주파수 간의 청력 편차도 크고, 일부 주파수에서는 농에 근접할 정도로 청력 손실이 심했다.

치료 후, 좌우 전반적으로 청력이 개선되었고, 최고 35dB까지의 청력 개선이 나타났다. 오른쪽은 완전히 정상화되었고, 왼쪽 청각도 일부 주파수를 제외하고는 상당한 개선이 나타났다(왼쪽 청각은 만성 중이염이 내이까지 파급된 것으로 추정됨).

치료 마지막 날(12/11): 제가 보기에는 아직 큰 차이를 못 느끼는데, 오늘 치료실 그룹 수업에서 규칙을 너무 잘 지켰다고 하네요….

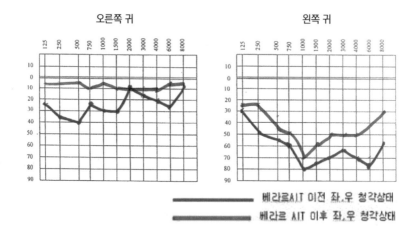

사례 3

한송이(7세, 여): 최고 65dB까지 극적 청력 개선, 표현력, 어휘력 증가, 청지각 문제 개선

특 성:

- 난청
- 경계선 지능
- 상황 이해력 부족
- 또래보다 언어 세련도 부진
- 대화 가능하나 질문에 동문서답

베라르AIT 후 변화:

아래 청각 검사지와 같이, 송이는 좌우 심한 난청, 청지각 문제가 있는 비정상적인 청각이었다. 일부 주파수에서는 농의 수준에 근접할 정도의 청력 손상이 있었다.

치료 후, 좌우 청력이 전반적으로 크게 개선되어서 최고 65dB 까지의 극적인 청력 개선이 나타나서 거의 정상 범주의 청각 상태로 전환되었다.

청각이 개선되면서 청지각 문제도 극적으로 개선되었고, 평소 안 쓰던 말도 하게 되고, 기분이 좋고, 밝게 친구들에게 상호 작용을 시도하였다. 향후 전반적으로 더 빠른, 많은 발전이 기대된다.

치료 6일째(4/26): 산만하고 기분이 업된 상태입니다.

치료 완료 1일 후(5/1): 평소에 안 쓰던 말도 하고, 친구에게 말을 붙이고, 상호 작용을 시도합니다.

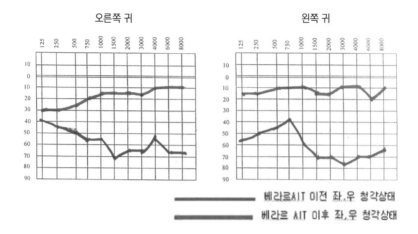

오른쪽 귀   왼쪽 귀

━━━━━━ 베라르AIT 이전 좌, 우 청각상태
━━━━━━ 베라르 AIT 이후 좌, 우 청각상태

사례 4

김현수(5세, 남): 최고 50dB 청력 개선, 발음 개선

특 성:

- 난청

- 경계선 지능

- 중이염 자주

- 불안, 공포 수준 높음

- 발음 문제

베라르AIT 후 변화:

현수는 감기가 올 때 중이염이 자주 와서 항생제를 자주 복용하였고, 좌우 모두 난청이 심했고, 일부 주파수에서는 농에 근접

할 정도로 청력 손상이 심각했다.

베라르AIT 후에는 좌우 모두 난청이 크게 개선되어서 최고 50dB까지의 큰 청력 개선이 나타났다.

1차 2일째(7/26): 특이 사항은 없습니다.

1차 4일째(7/26): 평소보다 산만합니다.

1차 후 3개월(10/3): 치료 후에 발음이 많이 개선되었고, 소리 공포가 감소되었습니다. 산만해지기도 했으나 다시 완화되었습니다.

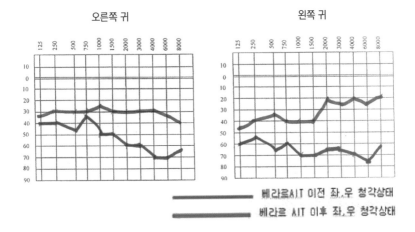

사례 5

임승범(초등2, 남): 최고 45dB 청력 개선, 언어 세련도 개선

특성:

- 경계선 지능
- 언어 지체

- 주고받기식 대화 수준 부족
- 학습 부진
- 기억력 부진

베라르AIT 후 변화:

치료 전 승범이의 청각은 심한 청각 왜곡뿐만 아니라, 보청기를 착용해야 할 정도로 심한 청력 저하(난청)가 있었다. 치료 기간 동안 다른 치료는 모두 중단하고, 베라르AIT에만 전념하였다.

치료 중에도 언어 세련도 증가 현상이 다양하게 나타났고, 치료 후 청각 검사에서 청력의 극적인 개선(45dB까지)이 나타났다(청각 검사지 참조).

1차 2일째(2/16): 어제 치료 끝나고 집에 가면서 자기가 마술사라면서 많은 이야기를 하였는데, 평소 그렇게 말을 못했거든요~. 오늘도 색칠하던 중에 "여기서 다 못하면 담아야 돼."라고 하는 말, 평소에는 못하는 말이었습니다. 이거 한다고 갑자기 달라진다는 것이 이상해요…. 너무 기대를 해서 그렇게 느껴지는 것인지….

1차 4일째(2/18): 아직 기적적인 변화는 모르겠으나 학습시켜보면 좀 더 문제를 잘 푸는 듯해요, 덜 틀리고, 평소에 없었던 몇 가지 개념도 보이구요…. 차이가 분명히 있긴 있어요, 느껴요, 아주 크지는 않지만….

1차 6일째(2/20): 조용히 잘하면 1,000원 주기로 했는데, 전에 같으면 잊어버리는데 오늘은 기억해서 말하고 받아갔습니다. 기억력이 좋아진 것인지, 표현력이 좋아진 것인지….

1차 9일째(2/23): 베라르 중반 이후부터 목소리가 확실히 커졌어요. 확실히 달라진 것 같아요. 기억력도 좋아졌고, 있었던 일을 물어보면 아예 시도도 못 했는데, 제법 기억해서 대답을 해요.

1차 청각 검사일(2/26): 어제 컴퓨터를 보고 "아빠, 이게 호환이 돼요?"라고 말해서 아빠가 놀라고 충격을 받았대요….

1차 후 약 2개월 반 후(75일 후): 생각하는 것에서, 연산에서 훨씬 좋아졌습니다.

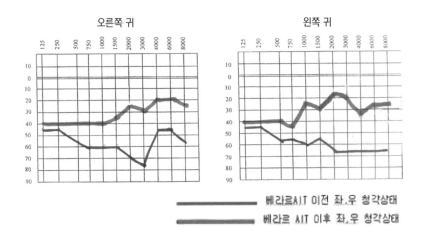

사례 6

한성진(중1, 남): 최고 55dB까지 큰 폭 청력 개선, 하나님의 인도로

특 성:

- 뇌병변, 지적 장애 1급, 청각 장애, 청각 왜곡
- 물리 치료, 언어 치료, 수중 운동
- 읽고 이해 가능
- 올림수 없는 연산 가능
- 왜, 어떻게 등의 언어 논리성 부족
- 언어 이해력 부족, 청지각 문제, 청각 정보처리 지체

베라르AIT 후 변화:

성진이는 어머니께서 교회에서 기도하는 중에 '베라르'라는 말이 떠올라 지나가서 하나님의 인도로 나에게 치료 받게 되었다. 신체적인 불편함과 동시에 언어, 인지, 학습 등 전반적인 발달 지체가 있었다.

뇌병변과 지적 장애를 겸하고 있다는 것은 어머니께서도 알고 계셨지만, 청력 문제까지 심각하다는 사실은 나에게 청각 검사를 받은 후에야 알게 되었다.

청각 검사에서, 성진이는 주파수별 다소의 차이는 있으나 좌우 모두 전반적으로 청력 손상이 심각하여 중증의 청각장애에 해당되었다(청각 검사지 참조).

일부 주파수에서는 농의 수준에 근접할 정도였고, 특히 왼쪽의 청력 손상은 더욱 심각했다. 정상 범주의 지능을 가지고 있는 경

우에도 이런 청각은 필연적으로 언어, 인지, 학습 등 생활 전반에 매우 불리한 영향을 미치게 된다.

치료 후, 좌우 청력이 전반적으로 크게 개선되어서 최고 55dB 까지 극적인 청력 개선이 나타났다.

치료 마지막 날: 사실, 교회에서 기도 중에 '베라르'라는 말이 떠올라 지나가서, 인터넷 검색을 하고, 여기로 오게 되었습니다.

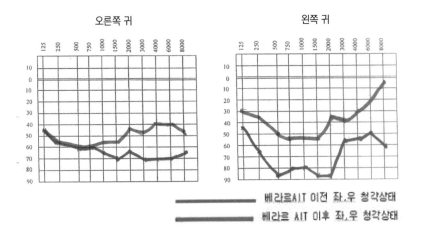

4-7
기타/ 일반

장민철(16세, 특목고 1): 청각 극적 정상화

특 성:

- 청각 과민, 감정 폭발

- 게임에 몰두(연속 7~8시간씩 이어폰 착용하고 게임)

- 한 번씩 귀에서 이명 '삐' 소리, 신경을 많이 쓰면 더 심함

베라르AIT 후 변화:

민철이는 상위권 학생만 갈 수 있는 특목고 재학 중이었고, 학교에서 한 번씩 감정이 폭발하여 문제가 되었다. 감정 기복이 심하고, 과민한 청각이었고, 특히 왼쪽 귀 2,000Hz에서는 인접 주파수와의 역치 차이가 심하여 특정 세팅이 필요하였다.

민철이는 귀에 이어폰을 끼고 하던 게임을 완전히 줄일 자신이 없다고 치료를 거부하였으나, 조금씩 줄이고, 대신 청각 검사를 정기적으로 받기로 약속하고 치료를 진행하였다.

1차 4일째(1/4): 오후 회기 때 조금 머리, 귀가 아팠습니다.

1차 5일째(1/5): 어제 집에서 헤드폰을 목에 걸치고 게임을 하는데, 귀에서 "삐" 소리가 잠깐 나서 게임을 중단했습니다.

1차 3개월(4/13): 청각 검사를 권유하였지만 거부하였습니다. 아마도 그동안 이어폰을 끼고 했던 게임을 완전히 끊지 못한 듯했습니다.

1차 1년 2개월(13/30): 우연히 만나서 청각 검사를 권유했지만 웃기만 하였습니다.

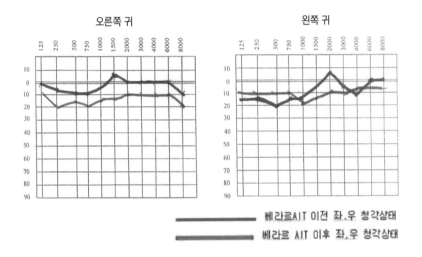

오른쪽 귀　　　　　왼쪽 귀

━━━━━ 베라르AIT 이전 좌, 우 청각상태
━━━━━ 베라르 AIT 이후 좌, 우 청각상태

사례 2

손동우(19세, 대학 1학년): 청각 극적 정상화, 발음 개선

특성:

– 발음 문제

베라르AIT 후 변화:

동우는 발음 문제도 조금 있으나 대학에서 학업을 보다 효율적으로 하고 싶어서 치료하게 되었다. 치료 전의 고르지 못하고 굴곡이 심한 비정상적인 청각이 치료 후 정상화되었다. 1년 이상 지난 후 동우는 대학 생활을 잘하고 있고, 발음도 좋아져서 2차를 하고 싶다는 어머니의 전화를 받았다.

14년 2월: 교수님, 동우가 그동안 발음도 개선되고 대학생활 잘하고 있습니다. 2차를 하려고 합니다.

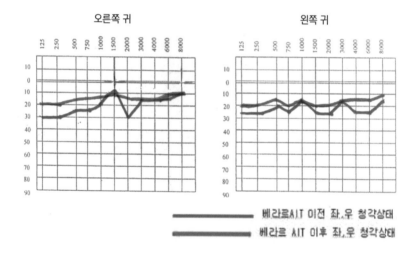

오른쪽 귀 / 왼쪽 귀

━━━━ 베라르AIT 이전 좌,우 청각상태
━━━━ 베라르 AIT 이후 좌,우 청각상태

사례 3

손진아(일반 초등1, 여, 우수아): 심한 두통 및 차멀미 해소

특성:

- 공부 잘하고 똑똑하고 영리함

- 사회성 양호

- 산만함

- 심한 두통, 심한 차멀미(한약, 진통제, 두통약 효과 없음)

베라르AIT 후 변화:

진아는 또래보다 우수하고 영리하고 사회성도 좋았으나, 심한 두통과 차멀미로 인하여 치료받게 되었다. 어릴 때부터 두통이 시작되었고, 1년 전부터는 점점 더 심해지고 있었다. 피곤하거나 몸 상태가 안 좋으면 더욱 힘들었다. 산만함도 어릴 때는 없었는데, 특히 1년 전부터는 더 심해지고 집중력도 떨어졌다.

한 번씩 두통이 시작되면 며칠씩 지속되었고, 최근 몇 년에 걸쳐서 지속기간이 점점 더 길어지고 있으나 대책 없이 시간만 보내고 있었다.

병원에서도 정확한 원인을 찾지 못하여 스트레스성 편두통 정도로 추측하였고, 병원의 진통제 처방에도 효과는 없었다. 차멀미도 심하여 차를 타면 5분 이내로 두통과 동시에 멀미가 났다.

청각검사 결과, 청각 문제가 심각하였다. 특정 주파수에 심하게 과민하면서도(-10dB까지 듣는), 좌우 청각 불균형이 있었다.

청각 상태에 맞춘 특정 세팅으로, 치료 후에 청각이 정상화되면서, 몇 개월에 걸쳐서 두통과 차멀미가 거의 사라지게 되었다 (치료 초반이나 치료 중에는 다소의 기복이 있었지만 점차 안정적으로 개선되었다).

1차 3일째(3/22): 이틀 전부터 짜증이 줄어들었어요. 짜증이 장난이 아니었는데….

1차 6일째(3/27): 짜증이 많이 줄고 차분해졌어요. 전에는 짜증이 많고 잘 울었는데, 짜증 없이 조곤조곤하게 이야기를 하네요…, 2주 만에 보고 시누이도 이 변화를 느꼈습니다.

1차 7일째(3/28): 어제 오후에 치료하고 집에 가면서 택시를 탔는데 "엄마 이상해, 머리가 안 아파."라고 해요. 차멀미 나면 머리가 아팠는데, 차멀미가 안 났다는 말인 것입니다.

오늘은 1회 치료하고 마지막에 "머리가 너무 아파."라고 말했구요, 집에 가면서 다시 옛날 수준으로 머리가 아프다고 말했습니다. 그런데 오후 치료 올 때는 다시 괜찮았습니다.

1차 8일째(3/29): 어제 오후 치료하고 저녁에 아빠 사무실 가는데, 평소보다 심하게 차멀미하고, 머리가 아프다고 했어요. 오늘 오후에 치료하러 들어오면서 머리 아프다고 했습니다. 집에서는 괜찮았구요.

1차 후 약 2개월 반(6/15): 1차 치료 후 1개월이 지나면서 전반적으로 안정적으로 되었구요. 차멀미 안 하고, 머리 아픈 것 많이 개선되었습니다. 8월 21일부터 2차를 하고 싶어서 신청합니다.

2차 첫날, 2차 직전(8/21): 1차 후 약 2~3개월 되는 5월 말~6월 이후로 차멀미가 거의 없어져서, 안 하거나 조금만 합니다. 적어도 70~80%는 없어졌습니다. 영덕까지 가도 차멀미를 거의 안합니다. 두통도 덜하구요….

2차 9일째(8/30): 머리 아픈 것, 오늘은 괜찮고, 피곤한지 저녁 9시부터 아침 9시까지 잠을 12시간이나 잤습니다.

2차 후 약 6개월(1/30): 치료 후에 두통, 차멀미는 많이 개선되었습니다.

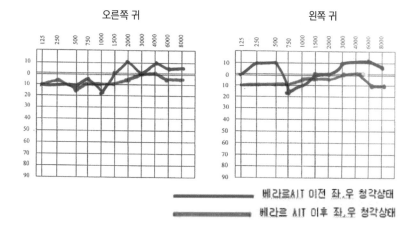

사례 4

신지연(일반 초등 6, 여): 청각 과민 소거

특 성:

– 소리 과민

– 전반적으로 또래 수준, 또는 이상

베라르AIT 후 변화:

지연이는 청각 과민은 있었으나 외견상으로 차분하고 똑똑하고 영리해 보이는 일반 초등학교 6학년이었는데, 동생이 치료하러 올 때, 함께 왔다가 청각 검사를 받고 치료를 하게 되었다. 치료 후 청각 과민성이 완전히 사라졌다.

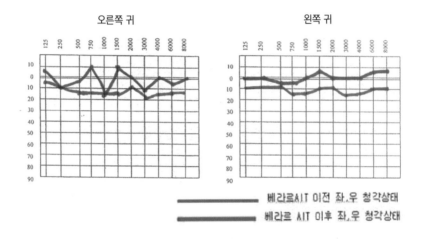

오른쪽 귀   왼쪽 귀

베라르AIT 이전 좌,우 청각상태
베라르 AIT 이후 좌,우 청각상태

참고 자료

· 권명옥(2002): 박사학위논문: 베라르AIT(청각통합훈련)가 자폐성 아동의 언어, 사회성 및 인지발달에 미치는 효과
· 권명옥(2010): 베라르AIT(AIT)가 청력 역치 변화에 미치는 효과
· 권명옥(2006): 베라르AIT(청각통합훈련)의 적용효과 분석: 국내외 실험연구를 중심으로
· 권명옥(2003): 베라르AIT(청각통합훈련)이 자폐성 아동의 인지 및 행동발달에 미치는 효과
· 권명옥(2003): 베라르AIT(청각통합훈련)이 자폐성 아동의 언어발달에 미치는 효과
· 권명옥(2002): 발달장애 아동에 대한 베라르AIT(청각통합훈련) 적용결과의 추수분석
· 권명옥(2001): 베라르AIT(청각통합훈련)이 자폐성 아동에 미치는 효과
· 권명옥(2001): 베라르AIT(청각통합훈련)의 쟁점
· 권명옥(2001): 베라르AIT(청각통합훈련)이 주의력결핍과잉행동장애 아동에 미치는 효과
· 권명옥(2001): The Effect of Auditory Integration Training(AIT) on Children with ADHD
· 권명옥(2001): 베라르AIT(청각통합훈련)이 주의력결핍과잉행동장애아동의 소리민감도와 청력도에 미치는 효과

· BAITIST(2007). *Berard auditory integration training manual.*
· Berard G. (Trans.). (1993). *Hearing equals behavior.* New Canaan, C.T.: Keats.(Original Work Published 1982).
· Berard G.,& Sally B.(2011). *Hearing equals behavior: updated and expanded.*

Manchester Ctr.: Shires Press.

· Rimland, B. (1990). Sound sensitivity in autism. *Autism Research Review International, 4,* 4.

· Rimland, B., & Edelson, S. (1992). *Auditory integration training in autism: A pilot study.* San Diego, CA: Autism Research Institute.

· Rimland B. & Edelson S.(1994). The effect of auditory integration training on autism. *American Journal of Speech Language Pathology. 3*(2), 16-24

· Rimland, B., & Edelson, S. M. (1995). Brief report: Pilot study of auditory integration training on autism. *Journal of Autism and Devlopmental Disorders. 25,* 61-70.

· Rimland, B., & Edelson, S. M. (1998). Response to howlin on the value of auditory integration training. *Journal of Autism and Developmental Disorders, 28,* 153-154.

· Rimland, B., & Edelson, S. M. (2000). Autism treatment of evaluation checklist. *The Sound Connection, 7*(2), 6.

· Sally, B.(2001). A comparative study of AIT devices: the earducator and audiokinetron. *The Sound Connection, 8*(1&6)

· SAIT(1993~2001). the quarterly newsletter of the Society for Auditory Intervention Techniques, *The Sound Connection 1*(1)~*9*(4)

· Woodward, D. (1994). Changes in unilateral and bilateral sound sensitivity as a result of AIT. *The Sound Connection. 2*(4).